자동차로 떠나는
유럽가족여행

자동차로 떠나는 유럽가족여행

발행일 2017년 8월 18일

지은이 김 영
펴낸이 손 형 국
펴낸곳 (주)북랩
편집인 선일영   편집 이종무, 권혁신, 송재병, 최예은, 이소현
디자인 이현수, 이정아, 김민하, 한수희   제작 박기성, 황동현, 구성우
마케팅 김회란, 박진관, 김한결
출판등록 2004. 12. 1(제2012-000051호)
주소 서울시 금천구 가산디지털 1로 168, 우림라이온스밸리 B동 B113, 114호
홈페이지 www.book.co.kr
전화번호 (02)2026-5777   팩스 (02)2026-5747

ISBN 979-11-5987-683-7 03920 (종이책) 979-11-5987-684-4 05920 (전자책)

이 도서의 국립중앙도서관 출판예정도서목록(CIP)은 서지정보유통지원시스템 홈페이지(http://seoji.
nl.go.kr)와 국가자료공동목록시스템(http://www.nl.go.kr/kolisnet)에서 이용하실 수 있습니다.
(CIP제어번호: CIP2017020243)

프랑스, 이탈리아, 스위스 3개국을 렌터카로 누빈
한 직장인 아빠의 12박 13일 가족여행기

자동차로 떠나는
유럽가족여행

글/사진 **김 영**

서문

To. 이 글을 봐주시는 모든 분들께

2015년 어느 가을밤 린과 대화를 하던 중 린 친구의 유럽가족여행이 화제가 되었습니다. 친구가 기념으로 선물해 준 에펠탑 미니어처에 대한 이야기가 주요 화제였습니다. 그러면서 우리도 유럽여행을 가봤으면 좋겠다고 했습니다. 여행의 가치를 잘 알고 있는 우리 부부는 린과 예린에게도 좋은 추억을 만들어 주어야겠다는 생각으로 유럽여행 계획을 준비하게 되었습니다. 정확히 21년 전(복학하기 전)에 떠났던 유럽여행이 평생 잊히지 않는 소중한 추억으로 제 가슴에 남아 있습니다. 그때의 경험은 지금까지도 일상에서 모티브가 되고 있고, 좋은 아이디어를 만들어주곤 하는데, 개인적으로 많은 견문을 쌓게 하는 소중한 자산이 된 것 같습니다.

어느덧 세월이 흘러 우리의 2세들이 여러 견문을 조금 더 일찍 넓힌다면 인생의 방향, 의미, 삶의 질을 정립하는 데 미약하나마 많은 작용을 할 것이라는 확신이 들었습니다. 현재 5학년인 린, 3학년인 예린이와 함께 가족이 함께 할 수 있는 자유로운 시간은 지금이 최적기일 것이라는 생각으로 준비하기 시작한 이탈리아 중심의 유럽 자동차 여행!

3개월 전, 러시아항공 티켓 구입으로부터 시작된 여행 준비는 어느덧 마무리 단계로, 이제 남은 3주 동안 자연과 도시의 디테일한 요소에 대해 공부할 계획입니다. 그리고 비상식량, 의류, 약품, 각종 장비 등 준비물을 챙기는 것도 막바지에 이르렀습니다.

여행 계획을 세우면서 짧은 기간과 많이 보고 싶은 욕심이 상호 간에 큰 갈등을 일으키며 다소 빡빡한 일정을 세웠습니다.

시간에 대한 약간의 부담을 예상하면서도 우선 무리하게 스케줄을 만들어 보았고, 그때의 상황에 따라 유연하게 일정을 수정할 준비도 동시에 했습니다.

자동차 여행이라고 해서 유럽의 교통수단을 경험하지 못한다면 다소 아쉬울 것입니다. 그래서 우리나라에서는 경험할 수 없는 침대 칸 야간열차, 파리의 지하철, 베네치아의 곤돌라, 밀라노 전차, 로마의 소매치기 많은 시내버스 등도 일정에 추가했습니다.

대신에 우리나라에서 볼 수 없는 자연! 즉, 유럽 알프스 산맥의 핵심 지역들, 도시운하, 와이너리, 고대 경기장, 고성 등에 좀 더 많은 시간을 투자함으로써 아이들이 지루해하지 않는 여행 일정을 만들었습니다.

이제 남은 기간 동안 필수 영어, 준비물, 현지문화에 대한 많은 학습을 할 예정입니다. 린과 예린이의 세상을 보는 시야가 폭 넓어지기를 바라며, 여행이 끝나면 평생 회자할 수 있는 시간이 될 수 있도록 많은 추억과, 사랑, 열정 그리고 인생의 좌표를 만들어 삶의 가치와 의미를 더욱 크게 부여하면서, 건강히 잘 다녀올 수 있기를 기도합니다.

From. Parents of Lynn and Yerim

CONTENTS

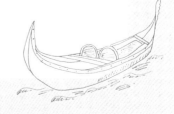

PART 01

여행 준비

2015년 11월 11일 항공권을 구입하면서 준비하기 시작한 유럽가족여행이 시작점에 왔다.

다음은 여행을 준비하는 과정에 있었던 작업을 순서대로 정리한 것이다.

1. 항공권 구입

약 2주 동안 인터넷을 검색했고, 마침내 인터파크 여행박람회에서 러시아항공 티켓을 저렴하게 구입했다.

러시아항공은 과거에 잦은 사고와 수화물 분실 등으로 악명이 높다고 한다. 그러나 항공권을 구입할 당시에는 이에 대한 정보가 전혀 없었다. 항공권 예약을 하고 나서 인터넷을 검색하면서 알게 되었다. 더구나 러시아항공은 11월 1일에 테러가 발생하여 승객 전원이 사망한 사건도 있었다. 또한 항공권 예약을 마친 이틀 후인 11월 13일에 파리 테러가 발생했다. 이에 따라 외교통상부에서는 파리 등의 도시는 테러 위험 지역으로 지정하고 여행을 자제하라는 권고가 나오고 있는 형편이었다.

하지만 어쩌겠는가. 이런 사항들이 걱정되었다면 여행 자체를 생각하지 말아야 할 것이다.

첫 번째 여행설계는 2월 3일 파리로 들어가서(In), 2월 15일 로마에서 나오는(Out) 항공권 구입이었다.

항공편: 러시아항공
예약일: 11월 11일 예약(여행 3개월 전)
왕복 4인: 3,572,400원

인천-파리(CDG)

출발 13:20 (02/03, 수) **인천**	예약상황 : OK		러시아항공 [SU0251편]
도착 16:45 (02/03, 수) 모스크바(SVO)	좌석등급 : 일반석	비행시간: 09시간 25분	항공사예약번호 :
공항대기/연결시간 : 02시간 10분	유효기간 : 165일		
출발 18:55 (02/03, 수) **모스크바(SVO)**	예약상황 : OK		러시아항공 [SU0261편]
도착 20:55 (02/03, 수) 파리(CDG)	좌석등급 : 일반석	비행시간: 04시간 00분	항공사예약번호 :
	유효기간 : 165일		

총 소요시간　15시간 35분 (비행 시간 : 13시간 25분, 대기시간 : 2시간 10분)

로마 (FCO)-인천

출발 11:10 (02/15, 월) **로마 (FCO)**	예약상황 : OK		러시아항공 [SU2403편]
도착 16:55 (02/15, 월) 모스크바(SVO)	좌석등급 : 일반석	비행시간: 03시간 45분	항공사예약번호 :
공항대기/연결시간 : 03시간 45분	유효기간 : 165일		
출발 20:40 (02/15, 월) **모스크바(SVO)**	예약상황 : OK		러시아항공 [SU0250편]
도착 11:10 (02/16, 화) 인천	좌석등급 : 일반석	비행시간: 08시간 30분	항공사예약번호 :
	유효기간 : 165일		

총 소요시간　16시간 0분 (비행 시간 : 12시간 15분, 대기시간 : 3시간 45분)

2. 숙박 결정 및 예약

　숙박을 알아볼 때는 호텔의 적절한 위치와 최소의 비용을 고려해서 결정해야 하므로 예상보다 많은 시간이 필요했다. 인터넷을 통해 호텔예약을 준비하면서 예약사이트가 의외로 많다는 걸 알게 되었다. 아고다, 호텔스닷컴, 부킹닷컴, 트립어드바이져, 익스피디아 등이 있다. 이들 사이트 중에서 가격정보 및 이용후기를 평가의 기본으로 삼고, 등록된 여러 호텔들을 비교 분석한 결과 구글 지도와 연동이 잘되어 있는 부킹닷컴과 호텔스닷컴을 이용하기로 결정했다.

　파리의 숙소는 가격이 비싼 편이라 가장 저렴하면서 시내와 가까운 호텔을 안내한 호텔스닷컴에서 예약하고 나머지 숙소는 모두 부킹닷컴에서 예약했다. 숙소를 검색하면서 새롭게 알게 된 점이 있다. 구글맵을 예약사이트와 동시에 이용함(상호 연동되어 있음)으로서 위치를 정확히 알 수 있고, 비용과 부대조건을 함께 파악할 수 있다는 것이다.

　예약사이트 이용법을 터득하면서 일정의 큰 그림도 함께 그려야 했기 때문에 숙박할 도시를 결정하는 데 2개월 정도가 소요되었다. 숙소를 결정하는 것은 여행 일정에 대한 밑그림이 완성되는 것과 같다.

따라서 두 번째 설계는 다음과 같은 숙박일정을 계획하고 결정하는 것이었다.

파리 2박, 야간열차 1박, 스위스 라우터브루넨 2박, 오스트리아 인스부르크 1박, 이탈리아 돌로미테 1박, 베네치아 1박, 루카 1박, 치비타 1박, 로마 2박으로서 총 12박이다.

다음은 예약된 숙소의 주요사항을 캡처한 내역이다.

치비타 1박	Civita B&B 🇮🇹 Via Della Fratcella 4, 01022 Bagnoregio, 이탈리아 예약 번호 ○○○○○○○ 올장으로 표시하기 ₩145,699 원 1박	체크인 **12** 2월 2016 금요일	체크아웃 **13** 2월 2016 토요일
		목록에서 삭제 다시 예약	
로마 2박	Federico Suite ○○○○○ 🎁 🇮🇹 Via Enrico Coldlei 14, 태르미니 역, 00185 로마, 이탈리아 가장 가까운 지하 정수, 불후에요 예약 번호 ○○○○○○○ 올장으로 표시하기 ₩158,945 원 1박	체크인 **13** 2월 2016 토요일	체크아웃 **15** 2월 2016 월요일
		목록에서 삭제 내 여행 가이드 보기 다시 예약	

3. 텔로(Tello) 야간열차 티켓 예약

파리에서 밀라노까지 이동은 텔로에서 운영하는 야간 열차를 이용하기로 결정했고, 4인실 쿠셋 컴파트먼트 티켓을 220유로에 예약하는 데 성공했다. 유레일패스닷컴 등의 예약대행사에 야간열차 티켓을 의뢰해 보았더니 턱없이 비싼 비용을 제시한다. 그래서 여기저기 열심히 검색했고, 그 결과 대행사를 통하지 않고 '텔로'라는 철도 운영회사 사이트(www.thello.com)에 직접 들어가서 예약할 수 있는 방법을 알아냈다. 티켓은 2개월 이전에 미리 예약하여 '스마트 가격'('얼리버드 구매'라는 뜻으로 생각됨)이다. 대행사를 거치지 않았기 때문에 이처럼 저렴한 금액으로 예약이 가능했다. 야간열차를 이용하면 1박의 숙박비와 이동 시간을 절약할 수 있어 좋으며, 아이들과 와이프는 지금까지 경험하지 못한 야간 침대열차를 타는 색다른 체험을 할 수 있으므로 매우 즐거워할 것이다.

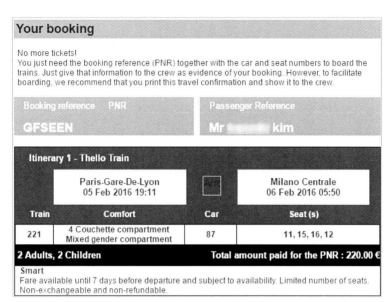

Your booking

No more tickets!
You just need the booking reference (PNR) together with the car and seat numbers to board the trains. Just give that information to the crew as evidence of your booking. However, to facilitate boarding, we recommend that you print this travel confirmation and show it to the crew.

Booking reference PNR	Passenger Reference
GFSEEN	**Mr ▓▓▓▓ kim**

Itinerary 1 – Thello Train

Paris-Gare-De-Lyon 05 Feb 2016 19:11		Milano Centrale 06 Feb 2016 05:50

Train	Comfort	Car	Seat (s)
221	4 Couchette compartment Mixed gender compartment	87	11, 15, 16, 12

2 Adults, 2 Children	**Total amount paid for the PNR : 220.00 €**

Smart
Fare available until 7 days before departure and subject to availability. Limited number of seats.
Non-exchangeable and non-refundable.

텔로 야간열차 예약 확인서

4. 렌터카

세 번째 설계는 도시 간 이동을 위한 교통수단을 계획하는 것이다.

이미 3번에서 텔로 야간열차를 이용하여 파리에서 밀라노까지 이동계획을 세웠고, 이제부터는 이탈리아, 스위스의 도시들을 연결해야 하는 방법을 고민해야 한다. 여행준비 초기에는 유레일패스에 대해 알아보았고, 그 다음 차량 렌트에 대해서 알아보았다. 일주일 정도 조사를 하다 보니 가족여행은 렌터카를 이용하는 것이 비용 측면에서 크게 유리하고, 이보다 더 중요한 다음과 같은 문제점을 해결할 수 있다는 것을 알게 되었다. 만일 유레일패스를 구입하여 도시와 도시 간 이동을 한다면 짐을 매번 끌고 다녀야 하는데 이것은 거의 불가능하다고 생각한다. 비용적인 측면과 알찬 여행을 위해서는 차라리 패키지여행을 선택하는 것이 합리적일 뿐만 아니라 마땅히 다른 선택의 여지가 없다고 본다.

그러면 유럽가족여행 시 렌터카 여행을 해야 하는 이유를 잘 설명해 놓은 이웃 블로거의 글을 소개한다.

ZTL 때문에 이탈리아 렌터카 여행을 꺼려하는 분들이 있습니다. 절대적으

로 렌트 여행을 추천합니다. 특히 가족여행은 더 그렇습니다. 아이를 낀 여행이라 짐이 많은 관계로 대중교통을 이용한다면 밀라노, 피렌체, 베니스, 로마 정도만 다니겠죠. 그것도 상당히 힘들 것입니다. 그러나 렌터카를 이용한다면 저렴한 가격으로 많은 중소도시와 시골을 맘껏 돌 수 있습니다. 게다가 편하게 가고 싶은 곳으로 이동할 수 있습니다. 움직이고 싶은 시간에 자유롭게요. ZTL 벌금, 과속 벌금… 그까짓 거 내면 되죠. 기본적으로 조심해서 다니면 되고요…. 걸리면 내면 됩니다. 아니, 걸려도 낼 필요가 없습니다. 5년 내에 이탈리아에 다시 갈 것이 아니라면 낼 필요가 없습니다. 5년이면 벌금은 파기되니까요. 결론은 너무 걱정할 필요가 없다는 얘기입니다. 그러므로 이탈리아 여행은 무조건 렌터카 자유여행으로 가시기 바랍니다. 물론 그에 따른 엄청난 노력과 멘붕이 필요하지만 그에 대한 보상은 충분히 받으실 겁니다.

이 책을 읽다 보면, 멘붕 상황을 여러 차례 접하게 될 것이다. 그러나 어떻게 해서든지 극복하게 되고 다른 대안을 찾게 되므로 크게 여행을 망치지만 않는 정도라면 더 많은 추억을 만들 수 있다.

여행정보를 얻기 위해 오랜 시간 인터넷 검색을 하면서 유랑과 유빙이라는 카페를 알게 되어 많은 정보를 얻을 수 있었고, 다양한 정보 검색을 통해 자동차로 여행 계획을 설계할 수 있는 기반이 차곡차곡 쌓이게 되었다. 유럽에서 운전을 하기 위해서는 국제운전면허증, 내비게이션, 차량 렌트 등을 준비해야 한다. 그리고 유빙 카페와 블로그에서 잘 정리해놓은 포스팅을 보면 유럽의 자동차 운전 시 알아야 할 상식이나 기타 정보 등을 얻을 수 있다. 특히 유빙에서는 질문을 하면 많은 답변을 주시는 분들이 있어 고마웠다.

예약상태
차량 대여 완료

예약번호:

요금 자세히 보기

차량 대여요금	₩340,596	지불 완료
손해면책금환불	₩97,420	지불 완료
신용카드수수료	₩0	없음
지불한 금액	₩438,016	
총 금액	₩438,016	

대여 차량

5 인승
4 도어
포함
수동

Citroen C4 Picasso 또는 동급

현지 렌터카 업체

Sicily By Car

현지 렌터카 업체	
그룹	H
계정번호	BASIC
렌터카 업체 예약번호	581726410
장소 정보	시내

세부정보

| 성함 | Mr | kim |
| 운항 편명 | na | |

차량 대여

날짜 및 시간
06/02/2016 : 12:45
장소
밀라노 - Via Vittor Pisani (Milan - Via Vittor Pisani)

차량 반납

날짜 및 시간
13/02/2016 : 12:00
장소
로마 - 테르미니 기차역(Rome - Termini Train Station)

몇 번의 예약과 취소 과정을 거친 후, 여행 경로에 맞춰 밀라노에서 렌트하여 로마에 반납하는 조건으로 렌터카를 예약했다.

예약 사이트는 렌탈카스닷컴(www.rentalcars.com)이고, Sicily by Car 렌트회사 차량으로 차종은 시트로엥 사의 피카소 C4였다. 비용은 풀커버리지 보험을 포함하여 약 40.98유로(8일)였다. 조기 예약을 했기 때문에 차량 렌트비용은 비교적 저렴한 편이었다. 그러나 차량을 인수할 때 차량 상태를 보니 가격이 저렴한 만큼의 차량을 제공하므로 새 차를 타고 싶은 분들은 좋은 차에 대한 기대는 하지 말아야 한다. 또한 스노우체인을 포함시키지 않으면 2만 원 정도 렌트비용이 저렴해진다. 그런데 여러 정보를 검색하다 보니, 이탈리아에서는 스노우체인을 준비하지 않고서 겨울에 운행할 경우 벌금을 물게 된다고 한다. 누가 확인을 하겠나마는 혹시 몰라서 스노우체인을 포함시켰다. 만일 이 스노우체인을 준비하지 않았다면 우리의 여행은 어떻게 되었을지 어느 누구도 상상조차 하지 못할 만큼의 큰일이 발생하게 되는데, 이 조그만 유비무환으로 무탈하게 어려움을 빠져나올 수 있었다.

5. 내비게이션 프로그램 구입

유럽에서 운전하게 되면 가장 중요한 준비물은 정확한 내비게이션이다.

유빙 카페에서 유럽자동차 여행자들의 내비게이션에 대하여 알아보면 대여하는 방식과 프로그램을 구매하는 두 가지 방식이 있다. 여기서 내비게이션 프로그램은 몇 가지가 있는데, 이들 프로그램을 놓고 고민하던 중 시직(Sygic)이라는 내비게이션 프로그램을 블랙프라이데이에 70% 할인된 금액으로 구매할 수 있는 찬스를 얻게 되었다. 그래서 시직 내비게이션 프로그램을 약 40유로에 구매했고, 갤럭시 노트10.1과 스마트폰에 프로그램을 설치했다. 사용법을 가르쳐줄 수 있는 사람이 없었으므로 이것을 터득하는 데 시간이 꽤 많이 필요했고, 숙소가 모두 결정된 뒤에는 구글의 좌표를 이용하여 목적지를 즐겨찾기 해두었다. 덕분에 현지에서 위치정보를 검색할 때 별도의 시간을 소비하지 않고 빠르게 목적지 설정을 할 수 있었다.

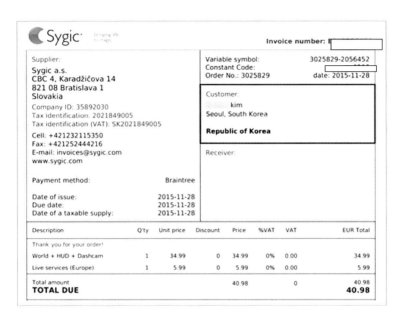

6. 각종 입장권 및 할인권 준비

바토무슈 승차권, 융프라우 철도할인권 등을 미리 준비하면 시간과 경비를 줄일 수 있다.

특히 융프라우 철도할인권은 동신항운을 통해서 꼭 받아가야 한다. 현지에서는 구할 수 없는 할인 쿠폰을 제공하기 때문이다.

유명한 곳의 입장권은 미리 예약하면 좋은데 방법을 알아보는 시간이 많이 걸리므로 거의 준비하지는 않았다. 그 이유는 2월이 유럽여행의 비수기인 점을 고려했고, 웬만하면 현지에서 상황을 봐가면서 명승지 입장을 결정하기로 했다. 이러한 판단이 옳았던지 현지에서 입장권을 구입하는 데 그리 많은 시간을 투자하지 않았다.

7. 의류, 신발, 선글라스, 전기장판 등 기타 준비물

선글라스는 햇살이 따가운 유럽에서는 필수인 것 같다. 신발은 편하고 가벼운 것에 초점을 맞추어야 한다. 와이프가 융프라우에서 등산화가 필요하다며 등산화를 사두었지만 융프라우 여행은 등반이 아니라 방문이기 때문에 짐만 될 것 같아 등산화를 가져가지 않기로 했다. 더욱이 편한 신발을 신어야 한다는 룰을 지키지 않은 탓에 여행 중 린과 와이프는 발이 불편하다고 호소했다. 다행히 코모 시내에서 발이 편한 운동화를 구입할 수 있었다. 유럽의 숙소 이용 후기를 보면 새벽에 많이 춥다고 한다. 그래서 짐이 되더라도 여행용 전기장판을 구입하여 따뜻한 잠자리를 보장했고 와이프에게 호평을 받았다.

또한 노트북을 준비하여 하루일정을 마치고 나면 아이들이 그날의 보고서를 작성하게 했다. 기타 준비사항들은 일반 여행자들과 비슷하게 준비했다.

구분	준비항목	설명
서류 등	여권 및 비자	반드시 사본을 준비하고 이메일에 보관해야 한다.
	비행기표	빠르면 빠를수록 저렴하다.
	신분증	언제 어디서 신분을 확인할 필요가 생길지 모른다.
	명함	명함을 미처 준비하지 못했었는데 필요할 때가 있었다.
	돈, 신용카드	420만 원을 유로로 80만 원은 스위스프랑으로 환전했다.
		신용카드의 해외 사용한도는 꼭 확인해야 한다.
	여행자 보험	인천 공항에 갔더니 출입국 심사를 하기 전에 여행자 보험을 가입해야 했다.
	가이드 북	프렌즈 이탈리아와 이탈리아 데이 2권을 구매했다.
		현지에서 유적 방문 시 가이드 역할을 대신했다.
가방/침낭	짐	이민용 가방 1개, 빅 캐리어 3개, 기내용 캐리어 1개
		백팩 2개, 여권 백 1개, 허리벨트 백 1개
		와이프가 추위를 많이 타서 더블사이즈의 전기장판 1개를 준비했다.
	담요	만일에 대비하여 기내용 담요를 3개 준비했다.
의류/신발 등	신발	많이 이동하는 관계로 등산화보다는 다리에 부담이 적은 워킹슈즈가 좋다.
	샌들	준비물에서 빠졌었는데 와이프가 러시아항공 기내에서 실내화 4개를 챙겨 요긴하게 썼다.
	의류	각자 알아서 준비한다.
전자제품	카메라	이번 여행을 위해서 무거운 DSLR을 대체할 수 있는 소니 rx100-M3 구입했다.
		미러리스 카메라 1대, 컴팩트 카메라 1대, 갤럭시노트10.1, 스마트폰
	전자기기	스마트폰 3개, 갤럭시노트10.1, 노트북

잡화류	전기 라면쿠커, 나무젓가락, 휴대용그릇 몇 개	전기 라면쿠커는 여행 중 우리의 밥상을 차리는 데 제일 중요한 역할을 했다.
	선글라스	지중해는 햇볕이 강렬하므로 반드시 준비한다.
	모자, 자외선 차단제	모자를 가져가면 좋다. (내 모자는 파리 몽마르트 언덕을 내려오던 중 구매한 것이다.) 또한 자외선에 계속 노출되므로 자외선 차단제가 필요하다.
	세면도구, 면도기, 치약, 칫솔 등	기내에 반입하지 않도록 주의해야 한다.
	우산, 우의	접이식 우산 4개
		로마에서 우의를 2벌 구매했다.
	필기도구	쓰기 번거로운 것은 스마트폰으로 무조건 찍는다. 볼펜 몇 자루는 필수이다.
	다용도 칼	준비한 맥가이버 칼(기내반입제한 물품)은 21년 전 루체른 여행 때 프란시스코숍에서 구매한 것이다. 이 칼이 고향방문을 하게 되었다.
	바늘, 실	간단한 반짇고리 등을 준비하면 비상시에 용이하다.
	안대, 에어베개	러시아항공에서 제공한 것을 챙겨가서 좋았다.
	호루라기	직장 선배님이 챙겨주신 물품으로 비상시 주위의 도움을 받아 자신을 지킬 수 있다.
	멀티어댑터, 연장선, USB케이블	USB케이블의 경우 넉넉한 예비품이 있어야 한다. 여행하면서 케이블 4개 중에 3개가 망가져서 힘들게 충전하고 다녔다. 결국 피렌체의 한 노점에서 구매했다.
	소형보온병	융프라우에 갈 때 필요할 수 있다.
약품	구급약, 체온계	소화제, 변비약, 지사제, 종합감기약, 일회용밴드, 물파스, 상처치료제, 진통제 등이 필요하며, 보통 이것들을 허리에 메거나 가방에 따로 정리할 수 있는 구급낭/구급함으로 가지고 가면 편리하다.
선물	선물용품	현지에서 사귀게 되는 외국인 친구에게 선물할 우리나라 전통 문양의 열쇠고리, 부채, 손거울, 책갈피 등의 물품을 준비하는 것도 좋다. 이것을 준비하지 못해 아쉬웠다.

8. 자유여행 설명회 참석(투리스타)

이번 여행이 패키지가 아닌 자유여행이므로 세밀한 준비가 필요하다. 더욱이 혼자 하는 자유여행이 아니라 가족이 동반되다 보니 더욱 철저한 준비가 필요하다. 하지만 자유여행으로 일정을 계획하게 되면 동반되는 군더더기 일정을 마음대로 수정 또는 제거하는 것이 가능하고, 내가 원하는 테마로 여행을 할 수 있는 장점이 있다.

여행준비기간에 '투리스타' 유럽자유여행기술연구소에서 제공하는 설명회에 참석하여 자유여행의 3가지 중요한 법칙을 배우게 되었다.

첫째, 2+1+2이라는 원칙을 세워라.

대도시 2일, 중소도시 또는 시골 1일, 다시 대도시 2일로 하는 순서의 스케줄을 만들면 좋다고 한다.

대도시 중심의 여행을 계획하다 보면 대단한 문화 유적과 볼거리가 나온다. 그러나 며칠 지나고 나면 흥미가 급격히 떨어진다는 것이다. 그렇기 때문에 중간에 작은 소도시나 시골 비앤비(B&B)를 포함하면 기분전환과 함께 그 지역이나 나라의 전통 문화를 바닥에서부터 보고 체험할 수 있다는 것이다. 그래서 내 일정에도 라우터브루넨, 인스부르크, 돌로미테, 베로나, 피사, 루카, 산 지미냐뇨, 치비타디 바네리죠 등의 중소도시 혹은 작은 마을을 포함하게 되었다.

둘째, 일정을 여유 있게 하라.

가급적 장시간 운전을 피하는 것이 좋다고 한다. 하지만 내 일정은 짧은 시간에 많은 도시를 방문해야 하는 관계로 보통 하루에 3~4시간 이상의 운전을 하게 된다. 또한 많은 관람시간을 확보하기 위해서 이동은 주로 저녁에 하는 것으로 결정한다. 대신 호텔에 직원이 퇴근하고 없는 늦은 시간에 도착하여 체크인을 해야 하므로 직원이 없거나 문이 닫혀 있어서 멘붕이 일어나는 사건이 지속적으로 발생하게 된다. 미리 염려하기는 했지만 그래도 시간을 벌기 위해서 도시를 이동할 때는 야간 혹은 이른 아침에 출발할 수밖에 없었다.

셋째, 현지 음식에 적응하라.

여행자들은 현지 음식을 먹어보는 먹방 여행이 멋지고 재미있을 것으로 생각하지만, 음식 문제는 내가 먼저 포기했다. 21년 전 배낭여행을 할 때, 현지 음식이 맞지 않아 빵 종류로 끼니를 해결해야 했던 안 좋은 기억이 있는데, 우리 아이들이라고 적응을 잘할 리가 없을 것이라고 생각했다. 그래서 아침과 저녁은 준비한 비상식량 중심으로 숙소에서 해결하는 것으로 하고, 여행 중에 언제든 먹을 수 있도록 초코바와 같은 간식도 준비하기로 마음먹은 후 그에 따라 많은 식량준비를 했다.

라면 약 30봉, 3분 카레 약 6개, 3분 짜장 약 6개, 햇반 약 10개, 누룽지 2kg(40인분), 멸치볶음 많이, 김치 약간, 김가루 잔뜩, 마른 오징어 15마리 정도, 팩으로 된 어묵국 8개, 각종 소시지 등으로 충분히 식량을 준비했는데, 와이프는 가급적 현지 음식을 사먹어야 한다며 핀잔을 주었다. 그러나 여행을 하면 할수록 내 준비가 현명했다고 많이 칭찬해 주었다. 마지막으로 가장 중요했던 것은 출발 전일에 3~4인분의 라면을 끓일 수 있는 전기라면포트를 구입한 것이다. 이것은 취사도구로서 아주 큰 효자 노릇을 했다.

9. 주요 일정

여행 전반에 대한 그림이 거의 완성되었으니, 이제부터는 여행할 도시들과 경로를 상세히 설계할 차례이다.

여행 설계 시 네이버 블로그, 구글지도, 위시빈이라는 사이트에서 도움을 많이 받았다. 여행할 도시를 선택하면 그곳의 주요 볼거리, 맛집 등이 소개되는데, 원하는 테마를 선택하여 여행일자에 삽입하기만 하면 하루 일정이 깔끔하게 만들어진다. 그리고 보기 좋은 나만의 여행 가이드북을 만들 수 있었다.

우리나라의 몇몇 블로거들은 참으로 대단한 것 같다. 어딘가 여행을 다녀오게 되면 포스팅을 열심히 해두는 여행자들이 정말 많다. 이런 포스팅을 읽어보는 것은 현지답사의 성격과 비슷한 효과를 얻을 수 있다고 생각한다. 자유여행자가 쓴 포스팅에는 미처 대응할 수 없었거나 현지에서 벌어지는 어떤 변수까지도 상세히 나와 있어 정말 유용하다. 또한 구글지도는 위치탐색과 현지의 거리를 미리 확인할 수 있고 교통, 숙박, 레스토랑, 주유소, 은행, 주요 관광지 등의 모든 정보를 정확히 소개하고 있으므로 사용법을 능숙하게 익히면 현지에서 더 알찬 여행의 가이드가 될 것이다. 나름대로 구글지도의 기능을 학습하고 여행을 준비했는데 지금도 잘 모르는 여러 가지 유용한 기능들이 있었다. 여행을 준비하면서 왜 외국인들은 모두가 구글링에 빠져 있는지를 이해할 수 있었다.

요일	날짜	일차	도시	8	9	10	11	12	13	14	15	16	17	18	19	20
수	3일	1	서울 모스크바	6013번 공항버스 자양동 8:49, 9:24				인천 OUT → 모스크바 IN 13:20 → 16:45 (9시간 25분)					모스크바 공항 대기 2시간10분	모스크바 OUT → 파리 IN 18:55 → 20:55 (4시간 00분)		숙소
목	4일	2	파리	숙소 → 베르사유궁			베르사유궁		이동		에펠탑 → 샤오궁 → 개선문 → 샹젤리제 → 바토무슈			바토무슈		숙소
금	5일	3	파리	몽마르뜨 언덕			루브르 박물관		노트르담 대성당 → 뤽상부르크 → 숙소				리용역	텔로 야간열차	
토	6일	4	밀라노	스포르체스코성			밀라노 두오모		렌터카 밀라노 → 두오모			두오모		두오모 → 라우터브루넨		
일	7일	5	라우터브루넨	라우터브루넨 → 클라이네 샤이덱 → 융프라우 → 클라이네 샤이덱 → 라우터브루넨											숙소	
월	8일	6	라우터브루넨	라우터브루넨 → 뮌렌 → 라우터브루넨						라우터브루넨 → 루체른		루체른		루체른 → 인스부르크 → 숙소		숙소
화	9일	7	돌로미테	숙소			오르티세이 → 알페디시우시 케이블카 → 콤파치오 → 코르티나 담페초									숙소
수	10일	8	베네치아	숙소 → 베네치아 → 숙소								무라노섬 → 부라노섬 → 산 마르코 대성당 → 레알토 다리 → 곤돌라				
목	11일	9	베로나 피렌체	베네치아 → 베로나			베로나 → 피렌체									
금	12일	10	루카, 피사, 시에나, 치비타	루카 → 시네	루카 → 피사		피사	피사 → 산 지미냐노		산 지미냐노 → 시에나		시에나		시에나 → 치비타		숙소
토	13일	11	치비타, 로마	치비타												숙소
일	14일	12	로마	산타마리아 마조레 성당 → 콜로세움 → 팔라티노 언덕 → 대전차 경기장 → 진실의 입 → 베네치아 광장 → 판테온 → 트레비 분수 → 스페인계단												숙소
월	15일	13	모스크바	공항열차 테르미니역 → 피우미치노 공항			로마 OUT → 모스크바 IN 11:10 → 16:55 (3시간 45분)						모스크바 공항 대기 3시간 45분			숙소
화	16일	14	서울	모스크바 OUT → 인천 IN 20:40 → 11:10 (8시간 40분)		6013번 공항버스 자양동								뒷풀이		

10. 주요 계획을 마무리하며

    이런 큰 여행을 준비하다 보면 출발일자를 며칠 앞두고서 빈번하게 꼬이는 일이 발생하곤 한다. 내 직업의 특성상 교대근무의 쉬는 날을 최대한 활용하여 휴가를 계획했는데 근무하는 파트가 변경되면서 2일의 휴가를 추가해야만 했다. 그래도 이 정도는 큰 탈이 없는 경우이다.

    2008년의 미국 여행 전에는 그야말로 멘붕에 빠지게 하는 인사발령이 있었다. 당시 나는 교대근무를 하고 있었는데 갑자기 주간근무 부서로 발령이 난 것이다. 근무형태가 바뀌면서 너무 골치 아프고 힘들었던 그때가 아직도 생생하다. 이런저런 경우의 일들을 겪다 보면 직장생활을 하면서 장기 여행을 계획한다는 것이 정말 어려운 일이라는 것을 새삼 느낄 수 있다.

    준비과정에서 보이지 않게 혼자서 고민하던 사항들을 모두 풀어 보니 나쁘지 않게 계획을 세운 것 같다. 그럼 여행을 계획했던 스케줄에 따라 성공적으로 진행하여 좋은 추억을 많이 남기게 될지, 아니면 좌충우돌하면서 상처만 남는 우울한 일들이 다반사인 여행이 될지, 이제부터 함께 떠나보자.

PART 02

서울 출발

1일차 (2016년 2월 3일)

3개월 전부터 준비한 여행날짜가 가까이 다가올수록 왠지 모를 중압감이 몰려왔다.

혼자서 하는 여행이 아니라 온 가족을 데리고, 모든 걸 내 머리에서 나오는 결정에 따라 진행해야 하기 때문에 더더욱 그렇다.

출발 전날 밤부터 짐을 꾸리기 시작하던 일은 생각보다 힘들었다. 다행히 해외출장 경험이 많은 누나가 짐 꾸리는 일을 도와주었기 때문에 차곡차곡 순조롭게 정리할 수 있었다. 캐리어가 5개나 되다 보니 캐리어마다 어떤 물건이 들어가 있는지 체계적으로 정리해야 하므로 기록의 필요성을 느꼈다. 짐의 무게가 걱정했던 것보다 초과되지 않았지만 짐의 양이 어느 정도일지 상상할 수 있을 것이다.

아침 일찍 일어나 짐을 마지막으로 확인하고, 보름 동안의 유럽가족여행을 떠난다.

자양동 집 앞 공항버스 정류장에서 6311번 리무진 버스를 타고 10시에 인천 공항에 도착하면서부터 공항에서 해야 하는 첫 미션을 시작했다.

인천 공항

러시아항공 카운터 위치를 미리 파악하지 않은 탓에 카운터를 찾는 데 시간이 오래 걸렸다.

러시아항공의 공식명칭은 Aero-flot이고 D카운터에 위치해 있다. 인터넷에서 러시아항공의 좋지 않은 이미지를 많이 접했기 때문에 이에 대한 걱정들을 티켓팅하는 직원에게 건네 보았다.

그 직원의 말에 의하면 요즘은 러시아항공도 서비스가 좋아졌고, 수하물 분실 등의 사고가 거의 없다고 한다. 이제 우리는 이 직원의 말을 신뢰하고 운명에 따라야만 할 것이다.

티켓팅하면서 수하물을 부쳤으니 가벼운 몸으로 다음과 같이, 해야 할 미션들을 순서대로 진행한다.

유럽 쓰리심 인수하기

일주일 전에 인터넷을 통해 구입한 쓰리심을 인수받는 장소는 인천 공항의 M카운터 근처 모 여행사 테이블 근처에 있다.

환전

유로는 넉넉히 환전했지만 스위스프랑을 환전하지 못했기 때문에 신한은행에서 한화 80만 원을 스위스프랑으로 환전했다. 유럽에서 스위스만큼은 유로를 사용하지 않는다고 한다.

여행자 보험 가입하기

여행자 보험을 인터넷으로 가입하지 않았기 때문에 처음부터 공항에서 가입하기로 했다. 우리 가족이 4명이므로 15일 동안 적절한 보험비용이 20만 원 정도였다.

대한항공 마일리지 회원가입

유럽항공권을 구매하면 마일리지 적립은 제주도 항공권 티켓이 제공될 정도로 상당하다고 한다. 그래서 마일리지를 적립하기 위해 러시아항공과 패밀리 항공사인 대한항공 마일리지 부스에 찾아갔다. 부스 위치는 A 카운터 근처에 있으므로 한참을 걸어야 했다. 항공마일리지를 적립하려 하는데 아이들이 회원으로 가입되어 있지 않아서 가입하는 데 시간이 상당히 소요되었다. 기다리는 동안 와이프와 아이들에게 롯데리아에 들어가 간식을 충분히 먹어두라고 일러두었다. 회원가입은 했지만 마일리지 적립은 귀국해서 해야 한다고 한다. 어쨌든 20~30분 정도의 시간낭비가 있었다.

이상의 미션을 진행하는 데 시간이 많이 소비되었다.

시간이 너무 지체되어 출국심사를 할 때 탑승 티켓을 보여 주었더니 긴급으로 출국심사를 해 주었다. 쇼핑할 시간도 없이 출발시간에 맞춰 비행기를 타기 위해서 서틀 트레인을 타고 곧바로 탑승동으로 갈 수밖에 없었다.

| 비행기 탑승 전에 본 음악공연 | 러시아항공 |

러시아 항공기는 생각보다 작았다. 장거리 비행편이라서 그런지 빈자리가 하나도 없는 것 같다. 제공하는 물품들을 보면 쿠션, 담요, 슬리퍼, 안대, 목베개, 이어폰 등이 있다. 장거리 승객에 대한 배려를 많이 했다는 생각이 들었다.

기내식은 두 번 제공된다. 아이들도 그럭저럭 잘 먹는 음식이다. 단지 아쉬움이 있다면 주류가 전혀 제공되지 않는다. 항공사에서 일반적으로 제공하는 캔 맥주를 제공받지 못하니 굉장히 서운했다. 아이들에게는 캐릭터 펜과 수첩 등을 제공하여 지루하지 않도록 배려한다. 9시간의 비행은 생각보다 힘들지 않았던 것 같다.

모스크바 환승

    우리의 항공권은 러시아항공이므로 모스크바에서 2시간 20분 정도 환승 대기시간이 포함되어 있다.

    인천에서 출발한 러시아 비행기가 모스크바에 랜딩하자 승객들이 박수를 친다. 나도 그냥 따라 쳤다. 그러나 모스크바를 출발하여 파리에 도착한 비행기가 랜딩할 때는 조용했다. 러시아항공기가 랜딩할 때 박수를 치는 것은 우리나라 사람들뿐인 것 같다. 러시아항공이 사고가 잦아 무사히 랜딩하는 것을 축하하는 세리머니라고 한다. 인터넷에서 여행정보를 찾아보는 우리나라 사람들이 있는 한, 박수치는 모습은 꾸준히 볼 수 있을 것 같다.

    4시간을 비행 후 21시쯤 파리 샤를드골 공항에 도착했다.

샤를드골 공항에서 택시 타고 숙소로

21년 만에 다시 오는 샤를드골 공항이다.

내가 느끼는 감회와 아이들이 느끼는 감정은 분명 다를 것이다.

입국절차를 거치는 동안 아이들에게 공항 이름에 대해 설명해 주었다. '드골은 2차 세계전쟁 때 독일과의 전쟁에서 빼앗긴 프랑스의 수복을 위해 싸운 프랑스를 대표하는 장군으로서… 우리나라의 김구 선생님, 혹은 이순신 장군님과 같은 분으로 생각하면 된다. 유럽의 여러 나라들은 훌륭한 인물에 대하여 기념물에 이름을 붙여준다.'고 하니 아이들은 공항 이름을 까먹지 않을 것 같다고 한다. 입국심사를 받고 공항 로비로 나왔다. 무장한 군인들이 경계를 하고 있다. 파리 테러 이후 모든 공공장소는 군인들이 경계근무를 하고 있다고 알고 있었는데, 그 사실을 직접 확인하게 되었다. 그러나 테러보다는 소매치기 혹은 흑형이라 불리는 사람들에게 피해를 당하는 것에 대한 확률이 매우 높다고 생각했기 때문에 나에겐 걱정거리가 완전히 달랐다. 또한 짐이 많고 아이들까지 있는 상황이라 RER을 이용해 숙소로 이동하고자 했던 애초의 계획을 바꿔 택시를 타기로 했다. 비용은 60유로 정도로 많이 들었지만 악명 높은 소매치기 이야기를 너무 많이 들었기 때문에 택시요금이 아깝게 느껴지지는 않았다. 또한 편하고 빠르게 파리 시내 숙소로 갈 수 있었기 때문에 좋았다.

숙소인 마리스 호텔은 오베르캄프(Oberkampf)역 근처에 위치해 있는데, 택시기사는 내비게이션을 보면서 운전한다. 그런데 특이한 것은 우리나라와는 달리 왼쪽 상단 앞 유리에 내비게이션이 붙어 있는 것이다. 나는 스마트폰의 구글맵을 통해서 실시간으로 어느 위치에 있는지 모니터링을 할 수 있었다.

21년 전 파리와 현재 파리의 가장 큰 차이점은 관광객을 노리는 소매치기 등의 범죄자들이 많고, 없고였다. 정보화 시대가 되면서 여행이 편리해졌지만, 안전 측면을 생각하면 오히려 불안해졌다는 생각이 든다.

파리 샤를드골 공항 도착 기념

파리 숙소

다음은 여행할 당시 파리 숙소에 도착하자마자 느낀 첫 감상을 적
은 글이다.

숙소가 정말 작았다. 가격만큼 작았다. 저렴한 데는 이유가 있는 법… 이제야 한숨 돌린다.

그냥 잠들기 서운해서 주변을 한 바퀴 돌아보니 멋진 파리지앵 여자들이 술집에서 담배를 피우고 있다. 아무 데서나 아무렇지 않게 담배를 피는데 멋있어 보였다. 마음 같아서는 와이프와 함께 오베르캄프역 근처의 바에 들어가 젊고 멋진 파리지앵과 한잔하면서, 낭만적인 시간을 보내고 싶었는데 와이프가 말하기를, 밤이기 때문에 무섭고 아이들만 놔두고 어떻게 나가냐며 싫단다.

그러나 파리에서 첫 밤을 그냥 잘 수 없어 혼자 호텔을 나와 배회하다가 조그만 가게에 들러 캔 맥주 6개를 샀다. 안주할 만한 것은 없어서 그냥 호텔로 돌아왔다. 이럴 줄 알고 오징어를 15마리 가져왔다. 탁월한 준비성…

오베르캄프역 근처의 바

마리스 호텔

러시아항공(인천)

1시 반에 비행기에 탔다. 기대가 됐다. 비행기가 이륙할 땐 아주 재밌었다.
조금 기다리니 점심이 나왔다 치킨과 생선이 있는데 치킨 골랐다가 맛이 없어
서 아빠랑 생선으로 바꾸고 동생도 마찬가지로 했다가 엄마랑 바꿨다.
그리고 숙제를 하고 저녁을 먹고 도착했다.

파리 샤를드골 공항

파리에 도착했다. 내가 말로만 듣던 파리에 자유여행으로 오다니 꿈만 같았다.
근데 귀가 너무 아팠다….
공항에서 다시 짐 검사, 여권 확인하고 짐 찾고 숙소로 택시를 타고 갔다. 숙소는
아주 좁아 실망했지만 깨끗했다.

PART 03

파리 첫날

2일차 (2016년 2월 4일)

마리스 호텔에서의 아침

오늘이 본격적인 유럽여행의 시작이라 할 수 있다.

새벽 5시쯤(?) 일어나 창문을 열어보니 아직 어두웠다. 오늘 일정에 필요한 준비물들을 챙기고 이동 경로에 대한 내중교통을 어떻게 해야 할지 고민하다가 가져온 전기포트를 이용하여 라면과 누룽지를 끓였다. 가족이 함께 식사를 하고 오늘 일정 준비를 시작한다.

날이 밝아 올 무렵 창밖을 보니 군인 두 명이 도로에서 우리를 보고 있다.

'헉! 음… 테러에 대비한 군사작전이겠지? 지난 10월 파리 테러가 일어났을 때 많은 사상자가 났다는데… 그런 곳에 오다니…'

나중에 알고 보니 마리스 호텔이 위치한 마레지구는 아랍게 사람들이 많이 거주하고 있어 테러 위험지역으로 알려져 있었다. 그래서 테러가 발생한 이후에는 관광객들이 많이 꺼리는 지역이 되었다고 한다. 호텔 바로 앞에 무장한 군인이 있는 것은 당연하다 할 수 있겠다.

베르사유궁

　오베르캄프역에서 지하철 9호선을 타고 퐁 드 세브르(Pont de sevres) 역 하차 후, 171번 버스로 환승하는 경로를 계획했기 때문에 시간을 맞추기 위해서 7시 30분쯤 호텔을 나섰다.

　군인들에게 베르사유궁에 가는 방법에 대해서 물어보려고 말을 건네 보았다. 그러나 그들은 영어를 할 줄 모르는 것 같았고, 결국 대화는 중단되었다. 지하철 9호선을 타야 하는데, 5호선으로 잘못 탔다. 3정거장이나 지난 후에 그 사실을 깨닫고 되돌아 와야 했다. 시간 낭비를 좀 했다. 레퓌블리크(République)역에서 다시 9호선으로

베르사유궁 도착 　　　　　　베르사유궁 앞에 있는 루이 14세의 청동 기마상

환승하여 퐁 드 세브르역으로 가는데 생각보다 오래 걸렸다. 게다가 출근시간이라 사람들이 많아 빈자리가 없던 탓에 서서 가야 했다. 예린이가 서 있기 무척 힘들어했다. 파리지앵들의 모습도 서울의 지하철로 출근하는 사람들처럼 무표정, 무관심하게 비쳐진다. 21년 전의 파리 여행 시 사람들을 눈여겨보지 않았는데, 이번에는 사람들의 표정을 많이 보게 된다. 삶에 녹아든 나이 탓인 것 같다.

　마침내 퐁 드 세브르역에서 171번 버스를 타고 출발한다. 버스 안에서 한국인 젊은 부부를 만났다. 정보교환을 하면서 대화를 주고

1995년 베르사유 숲

받는데, 그들은 어제 소매치기를 당했다는 이야기를 들려주었다. 불행하게도 털린 핸드폰에 여행기간 동안 찍은 사진이 모두 저장되어 있었다고 한다. 여행의 상당부분을 망친 기분인지 표정이 정말 좋지 않았다. 경찰서에 신고하러 갔더니 소매치기 당한 한국인들이 몇 명이 더 있었고, 그들은 시간을 많이 뺏기게 되었다고 한다. 정말 소매치기는 조심해야 한다고 한다. 근래 들어 파리 소매치기가 더 극성이라고 몇 번이나 강조했다.

이런저런 대화를 나누다 보니 어느덧 종점인 베르사유궁에 도착했다. 바람이 많이 불고 비가 조금씩 내리고 있어 상당히 추운 날씨였다.

베르사유궁에 들어가기 전에 파리뮤지엄 패스를 구입해야 한다. 성인 2명에 96유로, 어린이는 무료라고 하니 경제적으로 우리 가족에게는 혜택인 것 같다. 테러 때문에 입장할 때는 가방을 비롯하여 몸 전체를 검사받았다. 일련의 과정을 거친 후 궁전에 들어갈 수 있었다.

베르사유궁은 거대한 박물관이다. 처음에는 대단하다고 느꼈지만 조금씩 시간이 흐르면서 그저 그런 박물관과 비슷하게 느껴지기 시작했는데 아니나 다를까, 예린이가 어느 순간부터 힘들어한다. 하지만 와이프가 오디오 가이드와 책을 보며 재미있게 관람하는 법을 익혔고 아이들도 따라하게 되면서 모두가 흥미를 갖기 시작했다. 특히, 거울의 방과 나폴레옹 대관식 그림을 아이들이 꼭 기억할 수 있도록 했다.

어느 정도 관람하고 나니 다들 지치기 시작했다.

베르사유궁 황금문

나폴레옹 황제 즉위식

루이 14세

베르사유궁 거울의 방

베르사유궁은 와이프가 정말 가보고 싶어 하던 곳이었다고 한다. 본인의 고향과 같다는 느낌이 강해서 아마도 전생에 프랑스의 공주였을 거라고 했다. 어렸을 때 『베르사유의 장미』 만화책을 너무 많이 본 탓으로 생긴 병이다. 어쨌든 베르사유궁에 오는 것이 어릴 적 꿈이었다고 하니 결혼을 잘했다고 생각하지 않을까 하는 생각도 잠시 해보았다.

올 듯 말 듯 하면서 간간이 내리던 비는 바람을 동반해서 체감 온도를 떨어뜨리고 있었다. 이런 날씨 때문에 정원을 둘러보는 것이 어려울 것 같아 인증사진만 찍었다. 더욱이 겨울이라는 계절 탓에 꽃구경은 할 수 없었다. 그래서인지 기대했던 만큼 화려한 모습은 아니었지만, 그래도 넓은 정원과 숲을 보면서 탁 트인 전경을 마주할 수 있어 좋았다. 21년 전, 혼자 방문했을 때는 눈이 쌓여 있었고, 관광객은 거의 없었다. 거의 유일한 관광객이었던 일본인 3명을 만나 서로 사진을 찍어 주었던 기억이 난다. 당시에는 한 명도 없었던 중국인들이 정말 많았다. 21년 전과 비교하면 궁전은 그대로인데 관광객의 구성이 완전히 달라졌다는 점을 말하고 싶다. 호기심 많은 젊은 청년은 정원의 면면을 들여다보기 위해 정원 끝까지 갔고 한참을 구경삼아 돌아 다녔다. 더 나아가 숲속 깊숙이 들어갔었다. 얼마나 깊숙이 들어갔는지 돌아가려 할 때는 길을 알 수가 없었다. 지금 같으면 구글맵을 이용해서 곧바로 찾아 나올 수 있었겠지만 당시에는 오직 내 방향감각을 최대한 살려서 궁을 찾아야 했다. 그러나 궁은 나오지 않았고 왼쪽 방향으로 성벽이 끝없이 기다랗게 있었다. 성 밖에서 자동차 소리가 들렸다. 성벽을 넘으면 되돌아 갈 수 있을 것 같았다. 그러나 성벽은 너무 높아 넘을 수 없었다. 성벽을 오를 수 있는 지점이 나올 때까지 한참을 걸어가서 성벽을 넘을 수 있었고, 인근 도로까지 걸어가 히치하이킹을 시도했다. 몇 번을 시도한 끝에 친절한 아저씨를 만나 가까운 철도역까지 안내를 받을 수 있었다. 그 당시 나는 겨우 자기소개나 할 수 있는 수준의 영어를 구사했으므로 많은 대화는 불가능했다. 그래서 지도를 펼쳐 보이며 원시적인 수신호로 메시지를 주고받을 수밖에 없었다. 젊은 시절의 이런 경험은 내가 영어회화를 열심히 공부하게 된 중요한 계기가 되었다.

베르사유 정원을 둘러보는 것을 끝으로 궁전을 나왔다. 에펠탑으로 출발하기 전에 점심을 해결해야 할 것 같아서 숙소와 맛집을 주로 안내하는 어플인 트립어드바이져를 이용하여 근처의 레스토랑을 찾았다. 이곳에서 맥주와 피자, 스파게티를 주문했다. 약간 지친 몸을 달래기 위해 맥주를 한잔 더 하고 싶었지만 거리에서 화장실을 찾기 힘든 이곳의 특수성 때문에 참아야 했다.

2층 열차인 RER을 타고 에펠탑에 가기로 했다. 베르사유궁에 오면서 지하철과 버스를 이용했더니 예상보다 소요시간이 너무 길어

RER 열차

RER 게이트

져 시간을 많이 허비했기 때문이다. 그래서 에펠탑은 빠르게 갈 수 있는 RER을 타기로 계획을 바꾸었다. RER은 빠르기도 하지만 2층 열차를 이용하는 색다른 경험을 하고 파리 외곽의 풍경을 구경할 수 있는 좋은 기회이기도 했다.

에펠탑

TIPS!!

에펠탑은 1889년 프랑스 혁명 100주년을 기념해 개최된 파리 만국박람회 때 구스타브 에펠의 설계로 세워진 탑이다. 20년 기한이 끝나는 1909년에 해체될 예정이었으나 그 무렵 발명된 무선 전신 전화의 안테나로 탑을 이용할 수 있다는 사실이 알려져 탑의 해체는 중단되었다고 한다. 1975년에는 회전식 표지등이 설치되었고, 오늘날에는 파리의 야경을 아름답게 채색하는 '빛의 탑'으로 많은 사람들을 매료시키고 있다.

RER열차를 타고 샹 드 마스투어 에펠(Champ de Mars-Tour Eiffel)역까지는 예상대로 소요시간이 얼마 걸리지 않은 것 같다.

역은 반지하 역사였고 출구 밖으로 나오면 곧바로 센강이 보였다. 거리는 테러에 대비하는 무장군인들부터 눈에 띈다. 불과 5분 정도 걸어가자 에펠탑이 보였다. 예린이와 린이 에펠탑을 실제로 보게 되었다며 환호성을 질렀다. 그리고 에펠탑 아래까지 거의 뛰다시피 하면서 빠르게 이동했다. 여행 준비 시 온라인으로 에펠탑 탑승권을 구하지 못했기 때문에 에펠탑의 2층까지 걸어서 올라가는 입구가 어딘지 확인하고 곧바로 입장권을 구매했다. 에펠탑에 올라갈 때 아이들과 와이프가 힘들어하지 않을까 걱정했는데, 걱정은 기우였던 것 같다. 오히려 즐거운 마음으로 예린이가 제일 빠르게 계단을 올라갔

다. 이런 명물의 계단을 오를 때는 고소공포증도 어디론가 사라져 버리게 하는 뭔가가 있는지 상당히 높이 올라갔는데도 무서워하는 기색은 전혀 없다. 어느 일정 높이까지 올라가면서부터 나와 와이프는 뚫려있는 계단 아래를 볼 때마다 슬슬 겁이 나기 시작했다. 그래서 아래쪽은 쳐다보지 못하고 위쪽만 보고 계단을 올랐다. 마침내 에펠탑 2층에 도착했다. 파리의 바람이 시원하게 느껴진다. 뻥 뚫린 것처럼 한눈에 파리 전체가 모두 보였다. 2층을 한 바퀴 돌아보니 에펠탑의 전망대까지 올라가는 엘리베이터가 보였다. 혹시나 하는 마음으로 이곳 2층에서도 전망대 탑승 티켓 구매를 할 수 있는지 안내하는 분에게 물어보았다. 당연히 가능하다고 한다. 성수기 시즌에는 예약하지 않으면 거의 불가능하다고 하던데, 우리는 비수기에 와

에펠탑 정상에서 바라본 센강

에펠탑 정상에서 바라본 파리 전경

1995년 에펠탑에서

2016년 샤오궁에서 본 에펠탑

서 그런지는 모르지만 전망대 탑승권을 현장에서 구매하여 엘리베이터를 타고 탑 정상에 오를 수 있었다.

정상에 올라보니 저 아래 2층에서 보는 것과 차원이 달랐다. 처음에는 고소공포증 때문에 긴장을 많이 해서 제대로 돌아보지 못했으나 어느 정도 시간이 지나면서부터는 예린이와 린처럼 활발하게 움직일 수 있을 정도로 적응이 되었다. 적응된 이후로는 기념사진을 마음 놓고 찍기 시작했다. 정상에서의 바람은 정말 강했으나 청량감은 최고였다. 가족들 모두 최고의 힐링 시간이었다고 한다. 탁 트인 시야만큼이나 모두들 좋은 기분을 오래도록 유지하고 싶어 1시간이 넘도록 정상에서 내려오지 않고 파리 풍경을 바라보며 감상의 시간을 가졌다. 파리에 가게 된다면 에펠탑 정상에 꼭 올라가야 한다. 하지만 21년 전에 왔을 때는 오르지 못했었다. 그래서 이번 여행에서 아이들과 함께 에펠탑에 올라가니 기쁨과 뿌듯함을 더 크게 느낄 수 있었다. 에펠탑 구경을 더 기분 좋게 한 것은 아마도 날씨였던 것 같다. 간간이 비를 뿌리는 흐린 날씨였지만 탁 트인 시야와 함께 신선한 공기가 몸속 깊숙이 파고들면서 청량감을 더 크게 느끼도록 해 준 것 같다.

샤오궁

우리 가족에게 샤오궁은 특별한 볼거리가 없어 보였다. 워낙 임팩트가 강했던 에펠탑에 올라갔다 온 직후라 더욱 그랬던 것 같다. 하지만 많은 관광객들은 이곳을 찾는다. 바로 에펠탑 전체를 잘 볼 수 있는 위치에 있기 때문이다. 그래서 많은 관광객들이 에펠탑을 보기 위해 이곳으로 모여 드는 것 같다. 그런데 이곳에 모이는 많은 사람 중의 절반은 흑인과 아랍계 사람들이다. 이들은 셀카봉과 기념품을 들고 다니며 관광객들에게 무섭게 접근한다. 그리고 지속적으로 기념품 구입을 강요하다시피 한다. 이들에게 "노 탱큐!"라고 하면서 가까이 접근하는 것을 단호히 막았다. 며칠 지나면서 갖게 된 생각인데, 어차피 사야 할 기념품이 있다면 하나쯤 사주는 것이 나쁘지는 않을 것 같았다. 이들에게는 이것이 생계수단일 뿐만 아니라 이 수단이 없어지면 옳지 않은 방법의 생계수단을 만들지도 모른다는 생각을 하게 되었기 때문이다.

1995년 개선문

2016년 개선문

개선문 앞에 모여 있는 프랑스 군인들

개선문 오르는 계단

개선문에서 바라본 상젤리제

개선문

트로카데로 광장을 지나서 개선문까지 걸었다.

파리 시내 건축물들을 구경하면서 걷는 것은 이색적인 도심의 풍경을 많이 보게 되어 좋다.

이런 볼거리가 많아 사진을 찍으면서 걷다보니 아이들이 많이 힘들어하지 않고 어느덧 개선문 근처에 도착했다. 개선문 앞에는 한 부대의 군인이 있었다. 관광지 한복판에서 이렇게 많은 군인은 처음 봤다. 개선문은 파리 뮤지엄패스를 소지하고 있으면 무료입장이 가능하다. 전망대까지 올라가는 길이 연속으로 된 계단이므로 어른들은 힘들어하는데, 에린이와 린은 잘도 올라갔다. 아이들은 이런 거

개선문에서 바라본 에펠탑

대하고 특별한 구경거리를 좋아한다. 그래서 힘들어하지 않는가 보다. 전망대에 도착하여 파리 시내를 내려다보면서 에펠탑, 샹젤리제 거리를 배경으로 많은 사진을 찍었다. 이곳에서 학습을 위해 개선문에 관한 나폴레옹 이야기를 전해 주었다.

나폴레옹에 대한 평가는 업적과 비판으로 분명히 나누어진다. 우리나라에서는 흥선대원군에 대한 평가가 또한 그럴 것이다. 당시에는 시민 또는 백성들에게 많은 원성을 들었다고는 하지만 나폴레옹이 있었기에 개선문이 있고, 흥선대원군이 있었기에 경복궁이 있었다고 한다. 이러한 역사의 사실을 설명하다 보니 인물의 역사적 평가를 어찌해야 좋을지 애매모호해졌다. 평가는 더 많은 공부를 한 후에 각자 알아서 하는 것이라고 결론을 지어주었다.

어느덧 파리 시내의 가로등이 하나둘 켜져 가면서 날은 어두워지기 시작한다.

개선문에서 내려와 가로등이 켜진 샹젤리제 거리를 걸으며 식사와 용변을 해결하기 위해 미리 파악해 두었던 맥도널드가 있는 위치를 찾았는데, 이럴 수가… 공사 중이었다.

배고픔보다 화장실이 급했기 때문에 어디가 되었는지 레스토랑에 들어가는 것이 좋을 것 같아 트립어드바이저 앱을 이용하여 근처 맛집을 검색했다. 피자로 유명하다는 레스토랑이 있어 300m 정도를 걸어갔는데 클로징(closing) 상태이다. 급한 소변을 참고서 왔는데, 린이 가장 힘들어했다. 급해진 마음에 샹젤리제 거리에서 보이는 어느 레스토랑으로 무조건 들어갔다. 이 레스토랑은 인도에 투명 천막을 쳤기 때문에 샹젤리제 거리를 구경하면서 음료와 음식을 먹을 수 있는 곳이다. 여기서 주문한 것은 피자와 까르보나라 2인분이다. 그런데 이렇게 적은 양을 다 먹지 못했다. 모두들 입맛에 맞지 않는다고 한다. 이 레스토랑은 금연 장소가 아닌 흡연이 가능한 곳이라 손님들이 식탁에 앉아서 담배를 피워댔다. 음식에 적응하지 못하는 것도 힘든 일이었는데 실내에서 피우는 담배연기 때문에도 힘들었다.

바토무슈

　식사를 마치고 난 시간은 저녁 6시였다. 시간이 늦어지는 것 같아 바토무슈 타는 곳으로 서둘러 걸었다. 센강에 다다르니 에펠탑이 보였다. 불이 켜진 에펠탑은 낮에 본 것과 다르게 더욱 화려하다. 더구나 7시 정각에 몇 분간 진행되는 반짝이는 쇼타임은 정말 화려했다.

　바토무슈에 도착하자 예린이가 졸려하기 시작했다. 입장권을 구입한 뒤 소파에서 쉬다가 탑승시간이 되어 바토무슈를 탔을 때, 예린이는 거의 잠들어 있었다. 너무 빠듯한 일정이었나 보다. 그래도 린은 바토무슈 타는 것을 잘 즐겼기 때문에 다행이다. 그러나 날씨가 너무 추워져서 밖에 오래 있을 수가 없었다. 그래서 바토무슈 실내에 들어왔다. 실내에서는 다국어 가이드 방송이 들리는데, 방송가이드가 안내하는 건물이나 전경을 야간 투어에서는 어두운 탓에 자세히 확인하기가 어려웠다. 그리고 시차적응이 덜 된 상태에서 지쳐 있는 우리 가족에게 바토무슈 유람선은 약간 지루하기까지 했다. 에펠탑의 야경을 보기 위해 바토무슈를 저녁에 탄다고들 하는데 계절 탓인지 추운 날씨 때문에 그리 즐거운 시간은 아니었다. 이후 여행을 마치고 귀국하던 중, 모스크바 환승대기시간에 와이프와 나눴던

바토무슈 유람 중

여행 뒷이야기에서 바토무슈가 언급되었는데, 바토무슈의 평가는 매우 좋지 않았다.

1시간에 걸친 바토무슈 유람선 여행은 끝이 나고 숙소로 돌아가야 하는데, 잠든 예린이가 문제였다. 알마 마르소(Alma-Marceau)역까지 500m 이상 되는 거리를 업고서 걸어야 했다. 나도 지쳐 있기는 했지만 내 딸내미니까 참을 수 있었다.

알마 마르소역에서 마리스 호텔이 있는 오베르캄프역까지는 9호선을 이용하여 25분 정도 걸렸다. 힘든 첫날 일정이었지만 아이들과 와이프가 잘 다니면서 감상했고, 특별히 경로를 찾지

바토무슈에서 본 에펠탑 야경

못해서 길을 잃지도 않았다. 아무런 사고 없이 무사히 하루를 끝낼 수 있어서 다행이었다.

파리 지하철

파리의 지하철은 열차의 크기 면에서 경량전철이다. 그런데 RER 의 경우는 중량전철이면서 집전장치가 없는 량은 2층 객차 구조이다. 노선 규모 면에서 21년 전과 별 차이를 느끼지는 못했다. 당시에 이미 런던, 파리의 지하철 노선이 거미줄처럼 얽혀져 있는 걸 보고 깜짝 놀랐다. 현재의 서울지하철 노선도 거미줄처럼 얽혀 있지만 그 당시는 4호선까지만 있었고 김포공항 가는 길은 지하철 5호선을 공사하느라 길이 좋지 않았던 기억이 난다. 파리의 지하철은 역사적으로 오래된 지하철이기 때문에 역들은 상당히 노후화되어 있다. 그렇다고 해서 역을 개량하려고 하지는 않는 것 같다. 서비스 역시 좋다고 할 수 없다. 숙소가 있는 오베르캄프역 판매기에서 까르네를 살 때였다. 성인용 까르네 10장 묶음은 문제없이 샀는데 어린이용 까르네를 사는 방법을 몰라 여자 역무원에게 물어보니 내 영어를 알아듣지 못하고 짜증을 내다가 결국 어디론가 가버렸다. 여행을 시작하자마자 가족 모두가 기분 나빠했지만 나는 어느 정도 예상하고 다니는 문제였으므로 곧바로 이해하는 포용력을 발휘했다.

대부분 승강장은 스크린도어가 없다. 승강장이 좁을 뿐만 아니라 환승, 외부출입구로 나가는 길이 왠지 터널처럼 좁다. 그렇기 때문에 답답하게 여겨질 수 있지만 건설비는 적게 들었을 것 같다. 아니면 건설 당시에는 경량전철이 더 합리적이었고 그에 따른 부대설비도 작게 하는 것이 타당하다고 판단했을 것 같다. 기술면에서는 이미 지하철 건설 이전에 에펠탑을 건설한 나라이므로 기술이 부족해서 작은 규모의 지하철을 건설하지는 않았을 것이다. 객실의자는 다양하다. 그러나 우리나라의 중량전철처럼 사이드 의자는 아니고 버스 의자 형식을 많이 채용하고 있다. 그리고 가끔 소변 지린내 나는 곳이 있다. 화장실이 없거나 유료이기 때문에 노상 방뇨를 많이 해서 그런 것 같다. 21년 전 여행 시 개선문역 환승 통로에서 여자가 엉덩이를 드러내고 '쉬~' 하는 광경을 본 적이 있는데 이 광경을 이미 경험한 사람으로서 지린내 나는 것에 대해 그다지 불쾌하다는 생각을 하지 않았다.

승객들을 보니 파리지앵이라 하기에는 생김이 다른 사람들이 많아진 것 같다. 전에는 프랑스 백인과 소수의 흑인이 파리지앵의 대부분이었는데 아랍계통의 사람들이 많아졌다.

LYNN's diary

에펠탑

베르사유궁전에 갔다가 가장 기대되는 에펠탑에 갔다.

계단으로 올라갈 때 흔들려서 무서웠다. 에펠탑의 가장 낮은 층에서 더 올라가는 계단을 발견해서 더 올라갔다. 또 계단이 있었지만 막혀서 엘리베이터를 타고 올라갔다. 아주 높아서 귀가 멍멍했다. 거기서 사진을 찍다가 다시 엘리베이터를 타고 내려왔다. 귀가 또 멍멍했다.

그래서 계단으로 내려가는데 올라오면서 무서워한 내가 이상했다. 꼭대기까지 올라갔다 오니까 하나도 안 무서웠다. 내려와서 개선문으로 갔다.

개선문

걸어서 개선문까지 가서 발이 아주 아팠다. 하지만 계단을 올라갔다. 힘들진 않았는데 계단이 원형으로 빙빙 돌아서 계단의 난간을 넘어 밑을 보니 높아서 무서웠다.

계단을 다 올라와 개선문 꼭대기까지 올라가 사진을 찍고 내려와 개선문 안에 있는 기념품 가게를 둘러봤다.

PART 04

파리 둘째 날

3일차 (2016년 2월 5일)

5시쯤 일어났다.

아침식사는 아이들의 입맛에 잘 맞는 카레밥과 어묵국 등으로 준비했다.

그리고 하루의 일정을 다시 한 번 체크해 보았다. 애초 오늘의 일정을 루브르 박물관, 노트르담 대성당, 몽쥬약국, 몽마르트 언덕 순으로 해놓았으나, 어제 저녁에 생각이 바뀌어 몽마르트 언덕을 첫 번째 방문지로 수정했다. 저녁 7시에 야간열차를 타야 하는데, 혹시 시간에 쫓길지 모르는 변수에 대비하기 위해서였다. 만일 시간이 부족하게 되면 몽쥬약국 일정은 빼려고 한다. 우리는 쇼핑하러 파리에 온 것이 아니기 때문에 몽쥬약국의 유명세보다 관광이 우선이다. 물론 몽쥬약국을 들러서 선물로서 가치 있는 물건을 살 계획을 세워두기는 했지만 일정을 생략해도 별 상관은 없을 것 같다.

그럼 몽마르트 언덕에 대한 간단한 설명을 먼저 하고 출발하겠다.

몽마르트 언덕(Montmartre Hill)

몽마르트 언덕은 파리 시내에서 가장 높은 해발고도 129m의 언덕으로서 '마르스 (군신)의 언덕(Mont de Mercure)'이라는 뜻이라고도 하고, '순교자의 언덕(Mont des Martyrs)'에서 유래했다고도 한다. 272년 성 도니와 2명의 제자가 순교한 곳이며, 12세 기에 베네딕트파의 수녀원이 건립되었다. 그 일부인 로마네스크 양식의 생 피에르 성 당은 지금도 남아 있다. 근대미술의 발달을 촉진한 예술가들이 살았던 지역으로서도 유명하다. 19세기 후반 이래 고흐, 로트레크를 비롯한 많은 화가와 시인들이 모여들어 인상파, 상징파, 입체파 등의 발상지를 이루었다. 언덕 위에 세워진 사크레쾨르 대성당 (1910년 완성)은 순례지로서 신자들이 끊임없이 찾아들고 있으며, 또 유서 깊은 저택과 물랭루주 등의 카바레도 있다. 또한 옛집이 늘어선 거리는 19세기의 모습을 그대로 지 니고 있어, 많은 화가들이 찾아들고 있다.

주요 포인트

❶ 아베쎄역: 아멜리에가 멋지게 걷던 플랫폼 나옴, 파리에서 가장 큰 엘리베이터 이용, 아르누보 양식의 아베쎄 지하철역

❷ 사랑해 벽: 아베쎄역 뒤쪽 조그마한 공원 안의 '사랑해 벽'

❸ 성 요한 성당: 아르누보양식의 내부 장식/이슬람건축 아치

❹ 세탁선: 피카소가 아비뇽의 아가씨들을 그린 장소

❺ 테르트르 광장: 그림 그리는 광장, 초상화 그려 보기

사크레쾨르 성당

❻ 성 베드로 성당: 파리에서 3번째로 오래된 성당

❼ 사크레쾨르 성당: 파리에서 가장 높은 몽마르트 언덕 위에 있
　 는 성당. 내부 그리스도 대형 모자이크가 볼 만함.

❽ 몽마르트르 박물관: 〈파리의 연인〉 촬영장소인 골목길이 보임.

　지하철을 이용하여 M2 아베세(Anverss)역에 내려 관광숍들이 늘어
선 길을 따라 올라가다 보면, 푸니쿨라(Funiculaire)를 타는 곳이 있다.
이것을 타고 몽마르트 언덕으로 올라가는데 요금은 까르네 1장씩이
었다.

　많은 상점들이 오픈 전이라 썰렁했지만, 벌써부터 '오~ 샹젤리제'를

연주하는 길거리 음악가를 볼 수 있었다. 이 음악으로 몽마르트 언덕의 분위기가 살아나기 시작한다. 어디서 배웠는지 예린이가 음악에 맞춰 노래를 따라 부르고, 사진을 찍자고 하면 개성 있는 포즈를 취했다. 언덕의 계단에서는 에펠탑 찾기 놀이를 해 보았다. 러이 가장 먼저 찾았고 예린이가 맨 마지막으로 찾았다.

몽미르트 언덕 위에 있는 사크레꾀르 성당 내부에 들어가 볼 수는 없었고 화려한 외관만 보게 되었다. 주로 많은 시간을 보낸 곳은

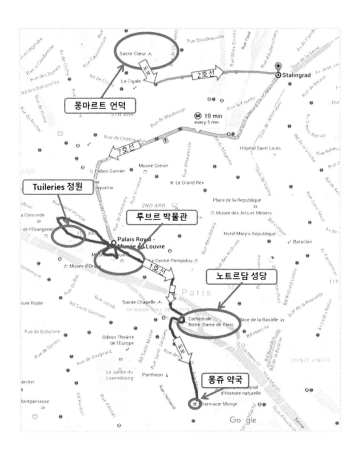

기념품을 판매하는 숍이었다. 아이들은 에펠탑 열쇠고리, 개선문 프라모델 등의 기념품을 샀다. 그리고 나는 머리(Hair) 관리가 잘 되지 않아서 머리를 가리기 위해 'Paris'라고 적혀진 모자를 샀다. 여행하는 동안 이 모자를 쓰고 다녔다. 언덕 아래쪽에 내려오니 한국인 패키지 관광객들이 가이드 앞에 모여 있다. 열심히 뭔가를 듣고 있기에 엿들어 보았다. 한국인 가이드는 몽마르트에 관한 설명은 잠깐만 하고 소매치기를 조심하라는 당부 말에 대부분의 시간을 할애했다. 유형별 소매치기 수법과 피해사례를 설명하기 때문에 시간이 길어졌다. 가장 중요한 요점만 말하자면 가까이 오는 흑인을 조심하라는 것이다. 소매치기 수준이 거의 강도와 같으므로 흑인이 가까이 온다 싶으면 무조건 도망가라고 했다.

가이드의 이런 설명을 듣고 나니 몽마르트 언덕에 오래 머물고 싶은 생각이 없어져 다음 일정인 루브르 박물관으로 이동하기로 했다.

루브르 박물관(Musée du Louvre)

저녁 7시 리옹역에서 야간열차를 타기 위해서는 일정을 빨리 진행해야 하므로 서둘러 루브르 박물관으로 향했다.

가던 중 지하철 내에서 구걸하는 사람들을 보았다. 가난한 사람들이 불쌍한 모습을 하고 있는 것은 파리에서도 비슷하다. 그런데 자주 보게 되니 마음이 썩 좋지는 않았다.

루브르 박물관의 상징인 유리 피라미드가 눈에 들어왔을 때, 유리 피라미드가 유명한 이유를 린과 예린에게 설명해 주었다. 유리 피라미드를 둘러싼 박물관 건축물들은 훌륭한 예술작품과 같다. 21년

유리 피라미드 지하

사랑의 비너스

모나리자

전에 왔을 때는 유리 피라미드에서 사진만 찍고 갔었는데 이번에는
뮤지엄패스를 샀으니 박물관의 유명한 작품들을 가족들과 함께 꼭

보고 가야 한다.

유리 피라미드로 들어가 보면 규모가 거창한 홀이 나오는데, 우리는 여기서 박물관 입구를 찾지 못해 20분 동안 엉뚱한 곳으로 헤매다가 결국에는 길을 잃어버렸다. 입구를 제대로 찾기 위해 유리 피라미드로 되돌아가 입구 찾기를 다시 시작했다. 팸플릿이나 인터넷을 통해 박물관 동선을 미리 파악하고 왔으면 좀 더 편안하게 관람할 수 있었을 텐데 이에 대한 준비를 소홀히 했던 탓에 고생도 하고 아까운 시간을 낭비했다. 그러나 한번 동선을 이해하기 시작하면서, 어디에 있던지 팸플릿만 보면 위치를 파악할 수 있게 되었다.

처음으로 보게 된 유명한 작품은 비너스였다. TV나 사진으로만 보던 비너스를 보면서 아이들도 어디선가 본 적이 있다며 반가워한다. 인증사진을 찍으며 순서대로 작품들을 둘러본다. 대리석 석상 작품들이 압권이다. 훌륭한 인물상들을 끝없이 전시하고 있는데, 왜 그토록 비너스 상만이 유명한지 모르겠다. 석상들이 많았던 드농관 다음으로는 대작들이 많은 그림 전시관이 이어지는데 그림 작품들의 수가 엄청나게 많았다. 파리가 예술의 도시라는 것을 느낄 수 있는 규모이다. 모나리자가 전시된 홀에는 가장 많은 인파가 몰려 있어 사진을 찍기는커녕 가까이서 보기조차 힘들다고 한다. 계절적으로 비수기인데다가 아침 일찍 관람을 시작했기 때문에 우리는 모나리자를 가까이서 볼 수 있었고 인증사진도 찍을 수 있었다.

먼저 드농관에 올라가 1층의 미켈란젤로의 작품이 있는 16세기 이탈리아 조각을 감상하고 시모트라케의 승리의 날개를 거쳐 2층으로 올라가면 모나리자 등이 있는 16, 17세기 이탈리아 회화를 감상할 수 있다. 75, 77번 방에서 나폴레옹황제 대관식 등이 있는 프랑스 회화를 감상하고 비너스를 보고 나오면 된다. 이때 중요한 것은 드농관으로 입장했으면 드농관으로 나와야 된다.

TIPS!!

루브르 박물관의 일반적인 관람 순서
드농관 1층 → 16세기 이탈리아 조각 → 시모트라케의 승리의 날개(니케상) 통과 → 드농관 2층 16, 17세기 이탈리아 회화 → 75, 77번방 → 리슐리외관 1층 메소포타미아관(함무라비 법전) → 리슐리외관 3층 17세기 플랑드르 회화(루벤스, 렘브란트)

루브르 박물관은 ㄷ자 구조이기 때문에 들어간 곳으로 나와야 헤매지 않는다.

박물관 관람을 마치고 밖으로 나와 화장실을 찾던 중 정말 반가운 맛집을 찾았다. 그 맛집 이름은 다름 아닌 맥도널드! 루브르 박물관에서 가까운 곳에 위치했기 때문인지 사람들이 많았다. 맥도널드는 아이들이 제일 좋아하는 맛집이 될 것 같다. 우선 햄버거와 감자튀김이 입맛에 맞기 때문에 좋고 덤으로 화장실을 이용할 수 있어 좋다. 맥도널드가 있었던 덕분에 늦은 점심식사를 잘 해결했다. 점심식사 후 지하철을 이용하여 노트르담 대성당(Notre Dame Cathedral)으로 향했다.

노트르담 대성당(Notre Dame Cathedral)

TIPS!!

센강 시테섬에 위치한 노트르담 대성당은 1163년 건축이 시작되었고 13세기 중엽에 완성되었지만 이후에도 부대공사는 계속되었다. 18세기 초 측면 제단의 증설로 오늘날의 모습을 갖추게 되었다. 그러나 18세기 프랑스혁명 때 건물이 심하게 파손되어 19세기에 대대적인 보수공사를 했다.

이 대성당은 나폴레옹의 대관식(1804), 파리 해방을 감사하는 국민예배(1944.8.26) 등 여러 역사적 사건의 무대가 된 곳으로도 유명하다.

　루브르 박물관에서 노트르담 대성당까지는 걸어가도 된다. 걷는 것이 파리 시내를 더 볼 수 있어 좋은 방법이기는 하지만 시간을 아껴야 할 필요가 있고 박물관에서 많은 체력 소진으로 약간은 지친 상태이다. 그래서 지하철을 타기로 했다. 오늘 유난히 린의 발이 아프다고 시작한 날이기도 하다. 아이들은 '노트르담의 꼽추' 무대를 직접 본다는 생각으로 한껏 기대하는 모습이었다. 노트르담 대성당을 본 아이들은 여러 조각상들에 대해 대단함을 느꼈을 것이다. 그런데 이미 아침에 몽마르트 언덕에서 사크레쾨르 성당을 보았기 때문인지 기대했던 만큼 매료되지는 않았다. 파리는 어디를 가든지 조각상이 정말 많다. 성당의 벽면이며 지붕 등에 끝없이 석상들이 장

노트르담 대성당

1995년 노트르담 대성당

건축 상황을 재현한 모습

미사 중

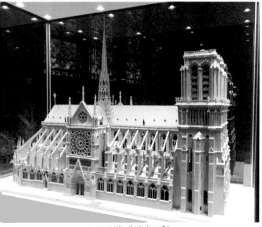

노트르담 대성당 모형

노트르담 대성당 앞 기마상

식되어 있다. 먼저 내부 관람을 하는데, 마침 예배 중인지라 예배 자체도 좋은 구경거리가 된 것 같다. 예린이는 종교의식에 호기심을 많이 가졌고, 린도 어느 순간부터 진지하게 기도를 했다. 건축하는 장면을 재현한 모형은 성당이 어떻게 건축되어졌는지 감상할 수 있는 좋은 작품이었다. 성당을 나와 전망대에 올라가는 입구를 어렵게 찾았다. 그런데 줄이 너무 길었기 때문에 기다리는 시간이 문제가 될 것 같아 포기하기로 했다.

에펠탑, 개선문, 몽마르트 언덕을 모두 올라가봤기 때문에 하나쯤 건너뛰어도 될 것 같았다. 대신에 우리가 향한 곳은 몽쥬약국이다. 몽쥬약국은 선물할 만한 것들을 쇼핑하기 위해 가는 곳이다. 교통수단이 애매하고 걷는다면 파리의 도심 구경이 될 것 같아서 걸어갔는데 생각보다 멀었고, 걷는 내내 린의 발바닥이 아프다고 했다. 아무래도 운동화에 문제가 있는 것 같았다. 신발숍이 있으면 운동화를 새로 사 줘야 할 것 같았다.

막상 몽쥬약국에 도착해서 보니 생각했던 것보다 살 만한 것은 없었다. 아니면 정보가 부족해서 뭘 사야 할지를 모르는 것이었을지도 모른다. 몽쥬약국에는 한국인 점원도 있어 쇼핑하기는 쉽다. 그러나 우리 부부는 직장동료들의 선물용으로 립밤만 50개 정도 샀다.

몽쥬약국을 끝으로 파리의 여행 일정을 마쳤다. 이제 숙소에 가서 짐을 찾고 리옹역에 오후 6시까지 도착해야 한다. 숙소인 마리스 호텔로 되돌아가기 위해 몽주약국 바로 앞에 있는 지하철을 이용했다. 오베르캄프역에 도착하여 숙소 방향의 출구로 나가던 중 5~6명의 역 직원이 승차권을 검사했다. 파리는 지하철을 탈 때 개표하고

센강 다리 위에서 본 바토무슈   몽쥬약국

게이트를 통과하지만 하차 시에는 집표가 없는 시스템이므로 출구로 나갈 때 보이지 않는 곳에서 갑자기 역 직원들이 나타나 앞뒤를 가로막고 불시에 부정승차 단속을 하는 것 같았다. 이 방법은 효과가 좋을 것 같았다. 우리나라에서 부정승차 단속을 하던 사람이 파리에서는 단속에 응하게 되는 상황이 연출되어 오래도록 기억될 흥미로운 현장체험이 된 것 같다.

리옹역(Gare de Lyon)

숙소에 도착하여 아침에 맡겨놓은 짐을 모두 찾고 프런트에 콜택시를 부탁하니 택시회사에 전화를 해주었다. 택시를 부를 때는 많은 짐을 고려해서 큰 택시를 요청했다. 잠시 후 아랍 사람이 운전하는 택시가 도착했다. 운전기사가 트렁크를 정리하고 나서 짐을 모두 실을 수 있었다. 택시비는 약 6유로였다. 애초 계획할 때는 지하철을 이용해 볼까 했는데, 이 많은 짐을 들고서 지하철을 이용하는 것은 정말 무리였을 것이다. 기차시간을 놓치면 일정에 따른 여행을 망칠수 있으므로 혹시 모를 변수가 일어날지 몰라 여유시간을 충분히 갖고 이동했다. 계획대로 18시에 도착했으니 계획은 잘 지켜지고 있었다. 리옹역 대합실 내에 있는 자동발매기에서 이티켓(E-ticket)으로 티켓을 구하려 하니 SNCF열차 발권만 가능한 발매기뿐이다.

모르는 것이 있으면 무조건 현지인에게 물어 보는 것이 좋다. 발매기에서 티켓을 구입하고 있는 젊고 예쁜 파리지앵에게 티켓 발매방법을 물어보았다. 그녀는 발매기를 한참 동안 터치하면서 알아보더니 잘 모르겠다고 한다. 대신 예약확인서에 적혀있는 텔로 사무실을 가르쳐주었다. 멀리 떨어져 있는 텔로 사무실을 찾아가 직원에게 물

리옹역 앞 전경

어보았더니, 예약확인서가 이티켓 역할을 하므로 특별한 발권절차 없이 그냥 승차하면 된다고 한다.

그런데 내 리스닝(listening)으로는 프랑스식 발음의 영어가 정확하게 이해된 것 같지 않아 왠지 불안했다. 대합실 의자에 짐을 지키며 기다리고 있는 가족들에게 돌아와서 보니, 지루해하고 힘든 표정으로 얼마나 더 기다려야 하냐고 물어본다. 지나가는 한국인이 있어 이티켓으로 열차를 타는 것이 맞는지 다시 한 번 정확히 확인해 보려고 했으나, 그 사람들은 나보다 더 몰랐다.

대기 시간이 30여 분밖에 남지 않았으므로 저녁 식사를 할 수 있는 시간적 여유가 없었다. 무슨 방법이 없을까 생각하다가 결국 베이커리에 가서 빵을 샀고 이것을 저녁식사로 대신해야 했다. 마침내 우리가 타야 할 열차의 플랫폼 번호가 안내전광판에 나와서 가족 모두 짐을 끌고 텔로 야간열차를 향해 출발했다. 그런데 와이프가 물어보는 말이 있다. '열차 소리가 없는데 플랫폼이 대합실에서 얼마나 떨어져 있느냐?'고 말이다. 대합실과 플랫폼이 붙어 있음에도, 열차가 도착하고 출발하는 소리가 전혀 들리지 않는 전동열차의 조용함 때문에 플랫폼이 먼 거리에 있는 줄 알았나 보다. 그래서 시간이 거의 다 되었는데 열차를 타러 가지 않는 것을 걱정했다고 한다.

우리가 타는 텔로 야간열차는 출발 15분 전에 플랫폼이 확정되었고 곧 플랫폼에 열차가 도착했다. 이제 열차의 차호를 확인하면서 가야 하는데, 많은 짐 때문에 난민 같아 보였다. 예약한 객실을 확인하고 객차에 짐을 들어 올리는 일도 힘들었다. 와이프하고 협동으로 열차에 캐리어 5개를 겨우 실을 수 있었던 것 같다. 우리 가족이

침대열차는 처음이라 더 신이 나서
원숭이들처럼 어수선하게
이리저리 옮겨 다니며 놀고 있다.

예약한 객실은 4인용 쿠셋 컴파트먼트다. 6인용 쿠셋을 4인이 사용할 수 있도록 2개의 쿠셋을 접어 놓은 것이 4인용 쿠셋이었다.

짐을 정리할 수 있는 공간이 부족했는데 어찌어찌하다가, 선반에 2개의 캐리어를 올려놓은 후에 짐을 정리할 수 있었다.

예린이와 린은 원숭이처럼 쿠셋 위를 오르내리며 신나게 돌아다닌다. 침대열차를 타는 경험이 무척 색달랐을 것이다. 그러고 보니, 우리 아이들은 아직까지 국내에서 열차를 한 번도 타보지 않았는데 처음 타는 열차가 국제야간열차가 되었다. 짐이 다 정리되고 각자 침대에 누웠다.

잠시 후 아랍 계통 승무원이 우리 객실의 문을 열고 들어왔다. 예약상태를 확인하기 위해 티켓과 여권을 보여 달라고 한다. 그 승무원은 여권을 확인한 후 이렇게 말했다. '국경을 통과할 때 이탈리아 경찰이 여권을 검사하는데 이 절차를 거치려면 당신은 자다가 깨야 하므로 승무원인 내게 여권을 맡기면 확인을 대신해 줄 수 있으니 내게 맡겨라.'라고. 몇 번이나 여권의 안전을 확인하는 질문을 한 후에 진짜 승무원인지 또다시 확인한 후 여권을 맡겼다. 그리고 모두들 잠이 들었다. 깊은 잠을 자다가 열차의 진동 때문에 새벽 2시쯤 깨었는데 이때 문득 여권 생각이 났다. 여행할 때는 경찰로 위장한 사람이 많이 있으므로 여권을 보여 달라고 하면 보여주지 말아야 한다는 조언이 생각났다. 여권을 주는 순간 갖고서 도망간다고 한다. 이런 말이 머릿속에 떠오르면서부터 여권이 분실될지도 모른다는 괜한 걱정이 시작되어 잠을 이루지 못했다. 게다가 예린이가 사고를 쳤다. 갤럭시노트를 밟아서 '빠지~~익' 하고 액정을 깨뜨려버린 것이다. '갤럭시노트 10.1이 얼마짜린데… 여기에 내비게이션을 깔아 놨는데… 흐흑….' 지금도 예린이가 갤럭시노트를 밟고서 날 쳐다보는 그 눈빛을 기억한다. 정말 아깝기는 했지만 여행 중에 분위기가 가라앉게 될까 봐 예린이를 혼낼 수가 없었다.

LYNN's diary

루브르 박물관

몽마르트 언덕에서 내려와 기차를 타고 루브르 박물관에 갔다. 입구부터 헤매서 발이 아팠다.

먼저 비너스 조각을 봤다. 고대 시대에 이런 게 만들어졌다는 게 신기했다. 그리고 이집트 유적들을 봤다. 미라 관과 스핑크스 등을 봤다. 그리고 그림들을 봤다. 모나리자도 봤다! 내가 모나리자를 봤다는 게 신기했다.

기차

노트르담 성당 구경을 하고 호텔에 들러 짐을 가지고 기차를 타러 갔다. 아빤 기차표를 찾으러 가셨다.

아빠가 1시간 안에 기차표를 못 찾으시면 우리 가족은 모두 국제미아가 된다. 엄마가 걱정을 엄청 하며 겁주셨다. 그 바람에 나도 기도하고 국제미아가 되면 어떡하냐고 물어보면서 별짓을 다했다.

아빠가 돌아와서 신청서가 있으니 기차표 없어도 된다고 했다. 다행이었다. 기차에 타 보니 2층 침대 2개와 사다리와 물 6통이 있었다. 좋았다. 양치를 하고 잤다.

PART 05

밀라노

4일차 (2016년 2월 6일)

밀라노 중앙역

여권이 잘못될지도 모른다는 걱정 때문에 깊은 잠을 자지 못했다. 열차는 밤새 덜컹거리며 달려가다 어떤 때는 멈추어서 한참 동안 서 있기를 몇 번이고 반복한다. 밀라노에는 예정대로 아침 5시 50분에 도착했다. 나와 와이프는 5시에 일어나 열차의 세면시설을 이용하여 간단히 단장을 하고 내릴 준비를 시작했다. 거의 모든 짐을 정리해 두었기 때문에 핸드폰, 컴퓨터 등의 충전해야 하는 장비를 다루는 일만 잘하면 된다.

그런데 여권을 가져간 승무원이 오지 않아 그를 찾아보기로 했다. 2량 정도 뒤 칸에 승무원이 있었다. 도착시간이 얼마 남지 않았으니 여권을 돌려 달라고 했다. 그러자 그 승무원은 내 콤파트먼트(객실)에 가 있으라고 하면서 여권을 돌려주지 않았다. 그 친구의 가방 안을 들여다보니 여권들이 많이 있었다. 승무원의 여권가방을 확인하게 되면서, 이놈이 도둑놈은 아닐 것 같은 생각이 들어 안심이 되었고 평정심을 찾게 되었다. 그 승무원 녀석은 5시 35분쯤에 우리의 콤파트먼트에 나타나 환한 웃음을 보이며 여권을 건네주었다. 여행 중 여권이 내 손을 떠나 있으니 굉장히 불안했다. 기우였던 이런 상

밀라노 중앙역 플랫폼과 텔로 야간열차　　　　　　　밀라노 2호선 객실

황이 여행자들에게는 크게 긴장하게 되는 일이다.

　열차가 플랫폼에 완전히 정차하면서 승객들이 내리기 시작한다. 캐리어가 5개나 되는 짐을 내리는 것도 큰일이다. 와이프가 복도를 통해 캐리어를 계단까지 끌어다주면 나는 내리는 일을 했다. 이른 새벽의 밀라노 중앙역 플랫폼에 내렸을 때, 누군가가 밀라노에 온 소감을 말하라고 한다면, '여행의 즐거움이고 뭐고, 오늘 하루를 잘 진행해 나가야 하는데, 잘 될지 걱정뿐이다.'라고 말하고 싶었다.

　21년 전에 밀라노 중앙역을 와보기는 했지만 제대로 기억나는 것이 없다. 그 당시 밀라노 역에서 짐을 유인 수하물보관소에 맡기고 시내관광을 했었다. 이번 여행에서도 그 수하물보관소를 다시 찾아야 하는데 찾지 못해 이리저리 헤매고 다녔다. 물론 인터넷에서 수하물보관소의 위치를 확인해 두기는 했었지만, 지도로 만들어 놓지 않았던 것이 실수였다. 많은 짐을 끌고서 다 같이 이동하기가 힘들어, 가족들은 대합실에서 짐을 지키도록 당부해 놓고 혼자서 수하물보관소를 찾으러 다녔다. 이때부터 빠른 걸음으로 찾아다닐 수 있었고, 곧 구석진 곳에 위치해 있는 수화물보관소를 찾는 데 성공했다.

보관료는 상당히 비쌌다. 기본 6유로에 캐리어가 5개이므로 30유로이다. 12시까지 보관을 해야 하므로 기본 5시간이 초과되기 때문에 찾을 때 0.9유로씩 요금이 추가되어 약 35유로를 보관료로 사용했다.

무거운 짐들이 없어졌으니 이제부터는 간단히 백팩만 메고서 가벼운 도보여행이 가능해졌다. 오늘의 일정대로 밀라노 중앙역과 연계된 지하철 2호선을 타고 스포르체스코성으로 출발하려고 한다. 지하철 티켓 발매기에서 사용법을 몰라 몇 번을 시도하다가 겨우 성공했다. 밀라노의 지하철은 어린이도 표를 내야 하므로 어린이 승차권도 구입했다.

밀라노 지하철은 파리와 비교가 안 될 정도로 깨끗했고 공기도 쾌적했던 것 같다.

스포르체스코성

스포르체스코성은 밀라노 두오모의 북서쪽에 있다. 처음에는 통치자인 비스콘티 가문의 소유로 밀라노에 있는 중세의 성벽 맞은편에 지어진 방어 요새로서 도시를 요새화하는 데 필수적인 부분이었다. 이 때문에 비스콘티 가문이 대를 이어갈 때마다 증축했고, 마지막 비스콘티 사람인 필리포 마리아는 이 성을 저택으로 개조하여 평생을 살았다고 한다. 15세기 말이 되자 성은 오랜 침체기에 들어섰다가, 1800년대 후반에 복원되어 밀라노 시의 예술 작품 컬렉션을 보관하게 되었다. 오늘날 스포르체스코성 박물관을 찾는 이들은 레오나르도가 천장 프레스코화, 필리포 리피의 그림, 그리고 이집트와 선사 시대 유물 등의 방대한 컬렉션을 보며 감탄하게 된다. 아름답고 감동적인 미켈란젤로의 미완성작 '론다니니 피에타'도 볼 수 있다.

지하철 2호선을 타고 5정거장을 가면 스포르체스코성에서 가까운 카도르나(Cadorna FN)역에 도착한다. 역에서 성까지는 가까운 거리이므로 걸어서 성문을 통과했고, 공원을 한참 동안 산책했다. 이렇게 이른 아침에 성을 관광하는 사람은 우리 가족밖에 없을 것 같다. 너무 이른 시간이라 날도 아직 어두운 편이었고, 간간이 조깅하는 사람들이 보였다. 아침시간에는 사람이 거의 없지만 낮에는 많은 사람들이 여유를 즐기러 스포르체스코성에 들어올 것이다. 21년 전에도 이곳에 왔었는데, 그때는 많은 사람들이 산책을 하고 돗자리를

스포르체스코성 공원

스포르체스코성과 분수

깔고서 가족들과 함께 시간을 보내는 모습을 볼 수 있었다. 시민들
을 위해서 공원을 얼마나 잘 만들었는지 직접 눈으로 봐야 알 수 있
을 것 같다. 어린이와 린도 공원에서 재밌는 볼거리와 놀이를 찾기
시작했다. 흐르는 작은 개울에서 오리와 장난을 치면서 아기자기하

게 만들어 놓은 산책길을 쉼 없이 뛰어 다녔다. 스포르체스코성 내의 공원에서 아침산책을 적당히 하고 난 후에, 성을 제대로 보기 위해 안쪽으로 들어가 보았다. 박물관은 9시부터 개방하므로 들어갈 수는 없었으나 아이들이 처음 보는 것이 있었다. 깊은 해자이다. 유명한 성들을 많이 봤겠지만 이렇게 큰 해자를 본 적은 없었을 것이다. 일찍부터 도보로 활동을 시작했기 때문인지 예린이가 배가 고프다고 한다. 물론 예린이뿐만 아니라 모두들 그럴 것이다. 아침에 오픈한 레스토랑을 찾기 위해서 성을 빠져나가려고 하자, 벌써 성 안으로 관광객이 들어오기 시작한다.

밀라노 두오모

밀라노의 두오모는 독일의 쾰른 대성당과 함께 세계 최고의 고딕 건축물이다. 밀라노 시민들은 이 대성당을 '밀라노의 혼'이라 하여 섬기고 있다. 백색 대리석을 사용하여 지어진 이 건축물은 1386년에 초석이 놓인 후 장장 500년이 지난 1890년에 이르러서야 준공되었다. 높이 157m, 폭 66m, 장랑의 길이 92m로 고딕 양식의 진수를 보여주는 이 건축물 외부 벽면은 명인들의 조각으로 장식되어 있는데, 그 수는 모두 3,159체라고 한다. 하늘을 찌르는 135개의 탑 하나하나에도 성인의 조각상이 장식되어 있으며, 그 중심인 109m의 탑에는 황금의 마리아 상이 솟아 있다. 그 황금빛의 아랫부분에는 예수 그리스도의 유골이 모셔져 있다고 전해진다. 하늘을 찌를 듯이 높이 솟아 있는 첨탑에는 하나님을 섬기고 가까이 가려는 당시 밀라노 사람들의 소망이 담겨져 있다고 한다.

스포르체스코성에서 두오모에 가는 방법은 15~20분 정도만 걸으면 충분할 것이므로 걸어가기로 했다. 어느 정도 걷다 보니 예린이가 '배가 고프다, 다리가 아프다'며 칭얼거렸다. 아침에 영업을 시작한 레스토랑이 있는지 찾아보며 두오모 방향으로 걷다보니 어느새 빅토리오 에마누엘 2세 갤러리(Galleria Vittorio Emanuele II) 아케이드에 도착했다. 이때 시간이 9시였으므로 관광객이 거의 없었다. 그래서 유명하다는 황소 모자이크를 독점하여 인증사진을 찍을 수 있었다. 바닥은 모두가 대리석인데 밀라노, 피렌체, 로마, 토리노를 상징하는

황소 모자이크

적십자, 백합, 늑대, 황소가 모자이크로 그려져 있다.

밀라노를 처음 온 사람은 황소문양 중심부에 발뒤꿈치를 대고 세 바퀴를 돌면 행운이 온다는 말과 발뒤꿈치 대고 한 번에 한 바퀴 돌면(반대쪽 발은 닿지 않게 해야 함) 소원이 이루어진다는 말이 있다. 황소 위에서 모두들 번갈아가며 몇 번씩 제자리 돌기를 하고 지쳤는지, 예린이는 배가 너무 고프다고 한다. 마땅한 레스토랑을 못 찾다가 어느 순간에 맥도널드를 찾게 되었다. 맥도널드를 찾았을 때 아이들이 너무 기뻐한다. 유일하게 입맛에 잘 맞는 곳이기 때문이다. 예린이는 빅버거, 린은 베이컨에 치즈가 들어간 햄버거, 우리 부부는 일반 햄버거에 커피 한 잔을 주문하여 아침을 해결했다. 이때가 9시쯤이었으므로 식사시간이 그리 늦은 것은 아니었다. 아침식사를 패스트푸

▲▲ 두오모 내부 중앙   ▲◀ 측면 스테인드글라스   ▲▶ 두오모 측면 제단   ▼ 테라스의 첨탑들

두오모 테라스의 8부 능선에서 바라본 첨탑　　　　　테라스에서 바라본 8부 능선

드로 해결하고 나서부터는 예린이가 아주 씩씩하게 두오모를 먼저 찾아 나섰다.

갑자기 눈앞을 병풍처럼 가로막은 두오모를 보고 모두가 탄성을 질렀다. 하지만 가족들의 도취된 기분에 동요하지 않고 입장권 구입을 위해 매표소를 찾기 시작했다. 여러 사람들에게 길을 물어 찾아간 매표소에는 사람들이 아직 많지 않았다. 두오모 테라스에 올라가는 방법은 리프트를 타지 않고 계단으로 오르는 방법이 있는데, 성인이 8유로(아동 4유로)쯤 했던 것 같다. 입장권을 구입하고 성당 안으로 입장을 하는데, 이곳도 역시 경비가 삼엄하다. 장갑차 옆에 군인들이 있었고, 관광객의 소지품 검사를 철저히 한다.

성당 안으로 입장하여 내부를 관람하기 시작했다. 벽마다 작품들이 너무 많아 모두 돌아보는 데 상당한 시간을 보내게 되었다. 그만큼 성당 내의 모든 작품들이 대단해 보였을 것이다. 그러나 두오모

두오모 전경

1995년 두오모

로마의 공식 표어 ' SPQR'

의 하이라이트는 역시 '두오모 테라스 올라가기'였다. 아이들은 지치지도 않고 금방 올라간다. 마침내 테라스에 오르니 아이들이 아주 즐거워한다. 밀라노의 풍경을 한눈에 볼 수 있었다. 아침까지만 해도 비가 올 것 같았던 날씨가 흐린 정도로 바뀌어 밀라노 시내를 깨끗하게 구경할 수 있었고, 오히려 사진 찍기에는 최고의 날씨라고 할 수 있었다.

두오모가 대리석으로 지어졌다고는 하지만 지붕까지도 대리석으로 되어 있을 줄은 생각하지 못했다. 게다가 각각의 첨탑과 곳곳에 성인의 입상을 조각해 놓은 걸 보면 얼마나 많은 공을 들였는지 알 수 있다. 이런 예술 작품을 본 아이들은 대단하다는 표현을 뛰어넘는 다른 표현을 찾아야 하는데 어떻게 표현해야 할지 모르겠다고 한다. 아이들은 오래도록 카메라로 사진을 찍어 달라고 한다. 특히 예린이는 여러 포즈를 취하며 사진을 찍는 모습이 제법 모델 같아 보이기도 했다. 린은 테라스에서 춤을 한번 추겠으니 동영상을 찍어 달라고 한다. 카메라 메모리 용량이 부족할 수 있으니 참아 달라고 했지만, 린의 춤추는 모습을 그냥 지나치기에는 아까워서 촬영을 해 주었다.

약간 흐리면서 적당히 구름이 있는 날씨였기 때문에 사진을 찍기에는 최고의 날이었다.

렌터카 인수

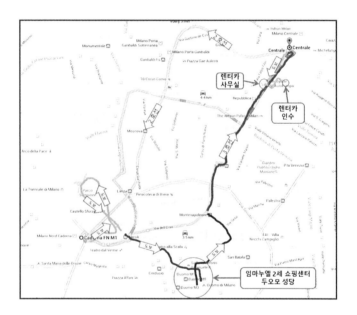

두오모 테라스에서 1시간 이상의 시간을 보냈다.

12시 40분경에 렌터카 예약이 되어 있으므로 테라스를 내려와 조금 서둘러 밀라노 중앙역을 가기로 했다. 가는 중간에 쇼핑거리를 통과하게 되므로 적당히 아이쇼핑(Eye shopping)이라도 즐겨보려 했으나 아이들은 힘들어할 뿐, 관심을 갖지 않았다. 또한 뭔가 좋

차량 인수 중 아이들의 기다림   밀라노 중앙역 앞

은 물건을 찾지도 못했다. 쇼핑 대신 차라리 빨리 렌터카 사무실로 가는 것이 좋을 것 같아 가까운 지하철 3호선 몬테나폴레오네(Montenapoleone)역으로 향했다. 밀라노 중앙역에 도착하여 수하물 보관소에서 캐리어를 찾을 때, 착각을 한 탓에 직원과 실랑이를 벌였다. 짐을 맡기면서 보관금을 지불한 줄 알고 있는데, 이 친구들 말에 의하면 '그렇지 않다'는 것이다. 그래서 아침에 일을 도왔던 직원을 불러내어 확인을 해봤지만 그 친구 역시 받지 않았다고 한다. 이때 그들로부터 결정적인 말을 듣게 되었다. 수하물 보관소는 후불제라는 설명이었다. 그래도 내 기억이 이상하다 싶어 주머니의 현금을 확인해 보니 지불하지 않은 것이 확실해졌다. 그 직원들에게 미안하다고 사과의 말을 전달하니 "차오, 차오."라고 한다. 짐을 찾는 사이 아이들은 밀라노 중앙역 내에 있는 패스트푸드점에서 햄버거 등으로 점심을 해결할 수 있어서 시간을 조금이라도 아낄 수 있었다. 이제 다시 힘든 짐 운반에 나서야 한다. 토요일 렌터카 회사의 영업시

간이 13시까지로 알고 있었기 때문에 혹시 늦지는 않을까 하는 초조한 마음으로 가족들을 뒤로하고 서둘러 먼저 렌터카 회사로 향했다. 렌터카 사무실까지 가는데 와이프가 무거운 짐을 끌고 가느라 고생이 많았다. 아이들과 함께 사무실에 도착해서 하는 말이 팔이 무척 아팠다고 한다. 예린이는 사무실 앞에서 큰 개에게 위협을 당했다며 울고 있었다.

렌터카 사무실에서는 이탈리아 남자 직원이 친절하게 우리를 맞이하면서 렌탈 관련 서류에 대하여 상세한 설명을 해 주었다. 이 직원은 건네받은 예약확인서를 확인하더니 '같은 차종(시트로엥 피카소 C4)의 자동차이기는 하지만 수동기어 차는 없고 오토미션 차가 있다. 오토가 수동보다 좋은데 오토로 운전할 수 있겠느냐?'라고 물어보았다. 이것은 행운이었다. 그렇지 않아도 오랫동안 수동운전을 해보지 않은 탓에 부담감이 있었는데, 오히려 직원이 양해를 구하며 오토미션 차를 준다니 정말 운이 좋았다. 이후 여행 중 돌로미테 드라이빙을 하면서 폭설을 만나는 사건이 있었는데, 만일 그때 오토미션이 아닌 렌터카였다면 정말 힘들었을 것이다.

렌터카 직원이 서류를 작성하는 중에도 서글서글하게 우리 가족의 국적 등에 대해서 물어보았다. 또한 나이를 묻기에 만 43살이라 했더니 깜짝 놀란다. 그 직원이 내 나이를 28살 정도로 봤다는 것이다. 우리 또한 그 직원의 나이를 물어보니 26살이라고 한다. 사실 그 직원은 30대 중반쯤으로 보였다. 그리고 와이프의 나이도 알려주었더니 거짓말 같다고 한다. 여권을 보여주며 사실을 확인해 주니 그 직원은 믿을 수 없다며 더욱 친근감 있게 말을 이어 갔다. 동양인, 특히 한국인이 서양인에 비해 젊어 보이는 것은 진리인 것 같다.

이런 이야기를 주고받는 가운데 차를 인수하는 위치를 약도로 그려 준다. 차량을 인수하는 주차장까지 무겁고 많은 짐을 들고 또 걸어가야 했다. 드디어 차량을 인수하고 간단히 차량 조작법을 익힌 후 린, 예린, 와이프가 기다리고 있는 도로로 나왔다.

차를 길가에 세우고 짐을 실으려고 트렁크를 열었는데 차가 굉장히 작게 보였다. 도저히 캐리어 5개를 실을 수 없어 보였다. 차를 더 큰 것으로 예약했어야 한다는 생각이 들기도 했지만 되돌리기엔 너무 복잡할 것 같아 안 되면 되도록 해야 하는 여행의 미션을 수행하기로 했다. 트렁크의 칸막이를 떼어내고 여러 방향으로 캐리어를 실어보니 겨우 모든 짐들을 실을 수 있었다. 캐리어 중 한 개의 이민가방은 모든 짐을 다 실을 수 있는 결정적인 역할을 해 주었다. 정말 어려운 문제를 잘 풀어낸 것 같아 뿌듯했다.

이제 편안하게 렌터카로 움직일 수 있게 되었다. 처음 가속페달을 밟는 순간 강한 출력이 느껴졌다. 4명이 승차하고 짐을 가득 실은 상태에서 가속이 쉽게 나오는 것을 봤을 때, 참 좋은 차로 여기게 되었다. 더욱이 디젤자동차였기 때문에 힘이 좋았던 것 같았다.

여행 전 준비한 내비게이션 갤럭시노트 10.1(액정이 깨지기는 했지만 쓸만했음)을 앞 유리에 설치하고 미리 즐겨찾기 해놓은 코모를 향해 떠났다. 거치대도 미리 준비했다. 처음 보는 맵이라 중간에 길을 제대로 파악하지 못해 한 번은 멀리 돌아서 유턴을 해야 했다. 그러나 별 탈 없이 코모까지 안전한 드라이빙을 했고, 달리는 내내 이탈리아의 맑은 공기를 느낄 수 있었다.

코모

여행계획에 코모를 포함할지 여부는 고민이었다. 시간 소요 상황에 따라 결정하기로 했는데 렌터카를 일찍 인수한 덕분에 코모를 방문해서 2~3시간 정도 구경해도 괜찮을 것 같았다. 밀라노에서 코모까지는 불과 1시간 거리다.

코모 호수는 스위스와 국경을 접한 이탈리아의 북쪽에 오르타(Orta) 호수, 마조레(Maggiore) 호수, 루가노(Lugano) 호수, 이세오(Iseo) 호수, 가르다(Garda) 호수 등과 함께 자리해 있다. 이 호수들은 모두 알프스의 빙하가 녹아 흘러내린 물이 고여 만들어졌다고 한다. 이들 중에서도 '세상에서 가장 아름다운 호수' 란 수식어가 붙는 곳이 코모 호수이다. 밀라노에서 기차로 50분 거리에 있는 도시 코모(Como)와 접해 있어 코모 호수라는 이름으로 유명하지만 정식 명칭은 '라리오(Lario) 호수'이다.

코모 호수는 중세시대부터 유럽 귀족과 부호, 예술가들의 휴양지로 사랑받았다. 깎아지른 듯 높은 알프스산맥, 깊고 푸른 호수, 지중해의 온난한 기후와 알록달록한 호숫가 마을이 어우러진 천혜의 자연 환경 때문에 거장들이 사랑할 수밖에 없었을 듯하다. 지금도 코모 호수는 전 세계의 부호들이 사랑하는 휴양지이다. 조지 클루니, 베르사체, 아랍 왕족 등이 이곳에 별장을 사 놓고 틈날 때마다 찾아와 휴가를 보낸다고 한다.

즐겨찾기 해놓은 코모 주차장(Parcheggio Centro Lago)에 도착하여 주차를 하고 코모 호수를 둘러보기로 했다. 이곳이 관광지이기 때문에 차량에서 파는 길거리 음식이 있다. 아이들에게 핫도그를 사주었더니 맛있게 먹었다. 길거리 음식은 우리의 입맛에 비교적 잘 맞는 것 같다. 마침 맥도널드를 찾게 되어서 볼일을 보다가 햄버거도 주문했다. 맥도널드 건너편에는 신발가게가 있었다. 린이 발 아프다는 말을 자주해서 우선 린의 운동화를 먼저 고르고 와이프의 운동화를 같이

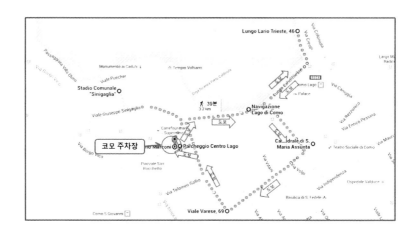

샀다. 이후론 새로 산 운동화가 편하다면서 발 아프다는 말을 하지 않았다. 코모를 방문하게 되면 푸니콜라레(Funicolare)를 타고 높은 곳에 올라가 전망이 좋은 카페에서 차를 마시며 코모 호수를 구경하고 내려올 계획이었다. 그런데 코모의 날씨는 뿌연 연무가 많은 관계로 시야가 너무 좋지 않았다. 그래서 시내를 둘러보기만 하고 떠나기로 결정하고 산 페델레 대성당(Basilica of San Fedele)으로 향했다.

코모 시내는 많은 사람들이 꽃가루를 뿌리면서 즐거운 축제를 즐기는 분위기에 휩싸여 있었다. 무슨 행사가 진행되고 있는지 궁금해서 현지인에게 물어보았다. 오늘은 코모의 카니발이 있는 날이라고 한다. 이탈리아 코모의 카니발은 남녀노소 할 것 없이 시민들 모두 나와서 함께 하는 것 같다. 그것이 우리와 다른 점인 것 같다. 우리나라와는 달리 관광객을 위한 카니발이 아니라 시민들이 즐기기 위한 카니발이다. 토끼 인형 옷을 입고 있는 사람이 예린과 린에게 호의적으로 인사를 하고 사진도 찍자고 한다. 아이들이 좋아하기에 사진을 찍어 주었다. 물론 모두 같이 찍었다. 그렇게 즐거운 시간을 가졌는데, 잠시 후 토끼 아저씨가 돈을 요구한다. 2유로짜리 동전을 린에게 건네주라고 일러주었다. 린은 자기가 돈을 털린 것으로 생각하며 코모를 떠나기 전까지 기분 나빠했다.

이 색다른 카니발을 구경하면서 마을도 둘러볼 수 있었고, 배경이 좋은 곳이 있으면 사진도 찍으며 천천히 주차장을 향해 걸어갔다.

주차장에 도착하니 주차요금 정산을 하는 곳에 구걸하는 노파가 있었다. 여기도 노숙자가 있는 걸 보면 '사람 사는 곳이 모두 그렇고 그런 거구나.'라는 생각이 들었다.

카니발이 열리는 코모 중심가   산 페델레 대성당 앞

5유로 정도의 주차비용을 지불하고 이제 스위스로 이동을 시작한다.
코모를 벗어나 고속도로 진입 전, 대형 마트가 눈에 들어왔다. 스
위스까지 장시간 운전을 하려면 차 안에서 먹을 간식이 필요할 것
같아 마트에 들러 쇼핑을 했다. 가격이 저렴하여 마음 놓고 과일, 음
료수, 맥주, 과자, 헤어젤 등을 카트에 담았다. 이탈리아 지방의 대형
마트를 구경하면서 제대로 된 현지 쇼핑을 하는 것은 또 다른 재미
였을 것이다. 맥주 종류가 다양하고 저렴해서 잔뜩 사고 싶었지만
와이프의 만류 때문에 아쉬움을 달래가며 15개 정도만 샀다.

라우터브루넨을 향하여

코모에서 라우터브루넨까지는 대략 3시간 정도가 소요된다.

9시 이전에 숙소에 도착하기 위해 중간에 쉬지 않고 달렸다. 알프
스를 넘을 때부터 이미 어두워지기 시작하더니 스위스에 접어들었

을 때는 완전한 밤이 되었다. 처음 가는 길이지만 내비게이션의 도움으로 이탈리아의 아름다운 풍경과 스위스 호수 주변 마을의 야경을 구경하면서 큰 문제없이 갈 수 있었다. 하지만 아이들은 출발한지 얼마 되지 않아서 바로 잠이 들어 이런 멋진 풍경은 볼 수 없었다. 인터라켄에 못 미쳐서는 비바람이 세게 부는데다가 길까지 매우 험해서 상당한 위험을 감수해야 했다. 인터라켄을 통과하게 되면서 얼마 남지 않았다는 안도감이 들기 시작한다. 그러나 2차선 도로라고 하기에는 길이 매우 협소하여 운전하는 것이 다소 부담스러웠다. 하지만 별 문제 없이 라우터브루넨에 있는 숙소에 무사히 도착했다. 숙소에 도착한 시간이 8시 30분경이었으니 거의 예상 시간에 맞춰서 도착한 것 같다.

슈첸바흐(Schützenbach) 숙소

막상 숙소에 도착하니 오지 산골과 같은 시골에 슈첸바흐 숙소만 불빛이 있는 것 같았다. 숙소 안에 있는 바에서는 시끄러운 음악소리가 들리고 있다. 어디에 가서 체크인을 해야 할지 몰랐기 때문에 우선 식당으로 찾아 들어갔다. 사람들이 있었으나 누가 관리인인지 모르겠다. 아무한테나 프런트가 어디인지 물어보니 누군가가 바에 관리인이 있다고 가르쳐 주었다. 그리고 바에 들어가 관리인을 찾을 수 있었다.

관리인은 우리의 룸 열쇠를 건네주면서 공중화장실, 공용욕실 사용법, 식당 등등에 대해서 친절히 안내해 주었다. 개략적인 내용을 다 듣고 나니 20분 정도가 흘렀다. 라우터브루넨은 상당히 추웠다. 눈도 많이 와 있었다. 주차장은 눈으로 가득했고, 집은 통나무집 같았다. 방 안에는 2층 침대가 2개 있어서 4인용 룸이라 할 수 있었다. 이 숙소는 캠핑을 위한 숙소였다. 와이프와 아이들이 무척 마음에 들어 했다. 그럴 수밖에 없는 이유가 파리 숙소는 너무 비좁았기 때문이다. 그에 비하면 정말 넓은 방이었고, 게다가 2층 침대를 이용하게 되어 캠핑을 온 것 같은 분위기를 느낄 수 있어 더 좋았을 것이다.

짐정리를 하고 나서 아이들과 라면을 끓이고 햇반에 카레를 비벼 주었더니 맛있게 잘 먹는다. 린과 예린에게 컴퓨터를 이용해서 일기(보고서)를 쓰도록 지도했다. 또한 구몬 공부를 조금씩이라도 하는 것을 빠뜨리지 않도록 항상 당부했다. 코모 근처 마트에서 누군가(?)에게 구박 받으며 샀던 캔 맥주를 꺼내 구운 오징어를 안주삼아 마시면서 오늘 진행했던 긴 여정에 대하어 평가하고 징리했다. 길있던 하루의 피로는 캔 맥주로 풀리고 긴장했던 몸과 마음도 편안해짐을 느낄 수 있는 저녁이었다.

LYNN's diary

두오모 대성당, 광장

기차에서 내리고 두오모 대성당에 들어갔다. 새벽이라서 사람이 없었다. 그래서 표를 사고 바로 들어갔다.

들어가 봤더니 아주 멋있었다. 근데 밖이 더 멋있었다.. 구경하다가 탑에 올라갔다. 그렇게 높지 않았다. 올라가 보니 아주 멋있었다. 더 올라가서 꼭대기까지 올라갔더니 최고로 멋있었다. 마구 사진을 찍어댔다. 그리고 나서 내려갔다.

내려가면서 길을 엄청 잃었다. 겨우 내려와서 광장에서 비둘기를 쫓아내고 사진을 찍었다. 근데 발이 아팠다.

유럽여행 처음 할 때부터 계속 아파해서 부모님이 확인해 봤더니 신발이 울퉁불퉁해서 엄청 아플 테니 새로 사야 한다고 했다.

스위스로 출발

이탈리아에 하루도 안 있고 예약해 둔 차를 타고 스위스로 출발했다. 스위스로 가다가 코모 마을에서 잠깐 있으려고 했는데 토끼인형이 와서 사진찍자고 해서 찍어주더니 돈 달라고 했다…. 세상 참 무섭다.

콜라를 사고 발이 아파서 신발도 사는데 엄마도 사시고 콜라를 마시며 다시 차에 탔다.

다시 스위스로 출발했다. 동생이랑 스무고개를 하다가 졸려서 잤다. 그리고 부모님이 깨워서 스위스 호텔에서 잤다.

PART 06

라우터브루넨,
융프라우

5일차 (2016년 2월 7일)

슈첸바흐 숙소에서의 아침

　새벽 2시쯤 되었을까? 긴장을 많이 한 탓인지 일찍 잠을 깼다. 숙소 밖으로 나가 주변을 한 바퀴 둘러보다가 밤하늘을 보았다. 어젯밤의 흐린 날씨는 맑게 개었고 밤하늘엔 촘촘히 박힌 별들이 밝게 빛나고 있다. 공기는 차가웠지만 아주 깨끗해서 신선했다. 어두운 밤이지만 조용하고 깨끗한 스위스의 자연을 느낄 수 있었다. 숙소에 다시 들어와 오늘의 일정에 대한 준비 사항을 체크하다가 다시 잠이 들었다. 그리고 아침 6시에 일어났다. 조용히 아이들 아침식사 준비를 하는데 불편한 점이 있었다. 캠핑을 위한 숙소이기 때문에 화장실, 세면장이 다른 건물에 있었던 것이다. 또한 식당도 별도로 있다. 대신에 술 한잔을 즐길 수 있는 바(Bar)가 있었지만 추운 날씨에 왔다 갔다 해야 하므로 번거로웠다.

라우터브루넨 숙소 내부

라우터브루넨 숙소 앞

라우터브루넨

해발 806m에 위치한 라우터브루넨은 '울려 퍼지는 샘'이란 뜻을 가진 시골 마을이다. 인터라켄에서 열차로 약 20분 정도 거리이며, 작은 마을이라 도보로 둘러볼 수 있다. 이 마을은 거대한 융프라우의 절경과 작은 집들이 조화를 이뤄 아름다운 풍경을 연출하고 있다.

마을이 자리하고 있는 U자형의 계곡 주변에는 70여 개의 폭포가 있는데, 특히 '슈타우프바흐 폭포(Staubbach Fälle)'와 '트뤼멜바흐 폭포(Trümmelbach Fälle)'가 이곳의 대표적인 명소이다. 슈타우프바흐 폭포는 마을의 뒤편 절벽에서 직선으로 떨어지는 낙차 305m의 힘찬 폭포로 그 아름다움에 감동한 예술가들이 자주 찾는 곳이라고 한다. 특히 문호 괴테나 시인 워즈워드, 바이런을 비롯해 음악가 멘델스존 등이 이 폭포를 사랑했다고 한다.

반면 외부에서는 잘 보이지 않는 트뤼멜바흐 폭포는 역에서 약 3㎞ 떨어져 있다. 폭포에 들어서면 얼음이 녹아 내려온 물이 매초 2만 톤의 무게로 떨어지는 압도적인 광경을 볼 수 있다. 암벽을 따라 떨어지는 폭포가 자연적인 암굴을 만들어 냈으며 이 암굴로 떨어지는 폭포의 독특한 절경은 이곳의 자랑이라고 한다.

일반적으로 융프라우는 산악열차를 타고 하루 코스라고 한다. 그래서 가벼운 백팩에 간식과 음료만 준비해서 출발준비를 마쳤다.

숙소에서는 8시에 나섰다. 걸어서 라우터브루넨역으로 가기 위해 도로로 나서는 순간, 라우터브루넨의 아름다운 풍경을 마주하게 되었다. 슈타우프바흐 폭포다. 아주 가까운 거리의 높은 산 절벽에서

역으로 걸어가는 길

장대한 물줄기가 떨어지는데 너무 높은 곳에서 떨어지기 때문에 아래쪽에서는 물안개가 피어나고 물의 흩날림도 대단했다. 길 가장자리에는 눈이 잔뜩 쌓여 있어 린과 예린은 눈을 뭉치는 놀이에 빠져들었다. 이렇게 한눈을 파느라 출발이 조금씩 지연되었다. 빨리 가자고 채근해야 출발이 가능했다. 가족 모두가 즐거움을 만끽하고 있었다. 모두들 '알프스에 와 있다는 것이 믿어지지 않는다.'라고 한다. 린은 '풍경이 그림처럼 아름다워 어느 방향이든 사진을 찍는다면 달력사진이 될 것 같다.'고 하고, 와이프는 '보고 걷는 것만으로도 충분한 힐링이 된다.'고 한다.

2차선 도로변을 따라 15분쯤 걸어가면 라우터브루넨역이 나온다. 라우터브루넨역 매표소에 들어가 준비한 쿠폰을 보여주며 융프라우 1일 VIP 패스를 달라고 했다. 그런데 돌아온 역 직원의 대답은 "클라이넨샤이텍 열차는 눈보라(Snow Storm) 때문에 운행이 중단된 상태이다."였다. 이럴 수가….

그럼 오늘 하루의 일정을 어떻게 해야 할까? 나는 멘붕에 빠지고 말았다. 이렇게 좋은 곳에서 일정이 꼬이려나 보다. 어떻게 대책을 세워야 할지 난감했다. 여기까지 와서 융프라우에 못 가게 되면 정말 억울할 것 같고, 아이들에게 만들어 주려 했던 좋은 추억의 그림이 엉망으로 되어 버릴 것 같았다. 그래서 역 직원에게 눈보라가 어느 정도인지 물어 보고 내일은 운행이 가능한지 여부도 물었다. 역 직원은 "1시간 후에 운행이 재개될 수도 있고, 내일이 될 수도 있고, 모레가 될 수도 있다."라고 한다. 다시 말하자면 융프라우는 날씨에 따라서 즉시 운행할 수도 있고 중단할 수도 있다는 것이다. 시간은 자꾸만 흘렀고 대책 혹은 대안을 만들어야 했다.

우선 뮈렌으로 가는 대안을 생각해냈고 곧바로 뮈렌행 케이블열차를 타는 곳으로 갔다. 그런데 케이블열차의 시간이 잘 맞지 않았다. 이런 상황에서 만일 날씨가 좋아진다면 융프라우행 열차 운행이 재개될 수도 있다고 하니, 2시간 정도를 숙소에서 쉬었다가 라우터브루넨 골짜기를 둘러보며 기다리기로 했다. 그런 후에도 열차가 운행되지 않으면 오늘의 여행지를 뮈렌으로 수정하기로 마음의 준비를 하고 있었다.

일단 숙소로 걸어서 되돌아 왔다. 와이프는 피곤했는지 잠깐 눈을 붙이고 싶다고 한다. 이렇게 아름다운 알프스까지 와서 대낮에 숙소에 들어가 잠을 자는 것이 억울하게 느껴진다. 그래서 무조건 밖으로 나가자고 설득하는 데 성공했다. 렌터카로 드라이브를 하며 라우터브루넨의 절경을 구경해야 한다고 생각했고, 라우터브루넨 골짜기 깊숙한 곳까지 차를 몰고 갔다. 산에서 떨어지는 폭포들은 정말 장관이었다. 폭포의 시점인 저 산 너머가 뮈렌이라는데 90도로 깎아

▲▲ 라우터브루넨 마을 풍경　▲ 뮤렌 방향 암벽과 폭포

지른 높은 절벽 위에 마을이 있다고 하니 신기하기만 하다.

　아이들은 눈을 오랜만에 접하게 된 탓인지 눈 뭉치는 놀이에 푹 빠져 있다. 어느 지점에서 잠시 쉬었다가 출발하려고 차에 타라고 하는데, 린이 말을 듣지 않아 혼내주기 위해서 그냥 가는 척했다. 5분쯤 후에 유턴해서 돌아왔더니 린은 울며불며 화를 냈다. 정말 골치 아팠다. 말을 잘 듣지 않으면서 본인의 잘못은 생각하지 않는 린을 챙기는 데 에너지를 많이 소모하게 되었다. 또한 즐거운 여행 분위기도 많이 흐트러졌다.

10시쯤 숙소에 되돌아 왔다. 숙소를 관리하는 분에게 현재 우리의 일정과 상황을 이야기하면서 어떤 대책을 세워야 할지 물어보았다. 그녀는 "조금 더 기다려 봐야 한다. 융프라우의 날씨는 변화가 많으므로 곧 열차운행이 재개될 수도 있다."라고 한다. 하지만 전화로 역에 확인해 보니 10시 현재까지는 운행중지라고 한다.

정확히 11시까지만 기다려보기로 했다. 와이프는 그때까지 숙소에서 쉴 수 있어서 좋다고 한다. 또다시 11시쯤 사무실에 찾아가 역에 전화를 걸어 보았다. 열차운행 여부를 물어보자 여전히 운행중지라고 한다. 이렇게 마냥 기다리면 하루 일정을 망칠 수도 있다는 생각이 들어 뮈렌에 가기로 결정했다.

참! 숙소를 관리하는 분의 친절함에 대하여 감사의 글을 써야 할 것 같다. 그녀는 매우 친절했다. 여러 가지 유익한 정보를 아낌없이 설명을 해 주었는데, 가장 큰 혜택을 누린 정보는 이곳에서 버스는 모두 무료라는 것이다. 그러므로 차를 가져가지 말고 버스를 타고 역까지 가라고 한다. 그렇게 하면 주차를 걱정할 필요가 없다. 141번 버스 정류장이 숙소 바로 앞에 있고 30분마다 운행하므로 굉장히 편리했다. 가족 모두 버스를 타고 라우터브루넨역 정류장에서 내렸다.

뮈렌으로 출발하는 케이블열차의 역은 라우터브루넨역 바로 옆에 위치해 있다. 뮈렌으로 출발하기 앞서 마지막으로 라우터브루넨역에 가서 열차 운행 여부를 확인하기로 했다. 그런데 정말 이런 일이 또 있을까?

클라이네 샤이텍행 열차가 운행을 시작한다고 한다. 역 직원의 설명에 귀가 의심되어 몇 번을 다시 물어보면서 재확인해 보았다. '정

라우터브루넨역 앞 버스정류장　　　　　라우터브루넨역 승강장

말 열차가 운행되고 있는 것이 맞다.'고 한다. 역 직원은 열차운행이
시작되었음을 다시 한 번 분명히 말해 주며 무슨 티켓을 구매할 것
인지 물어보았다. 1Day VIP패스(170스위스프랑)를 구매하고 싶다고 했
다. 역 직원은 VIP패스보다 융프라우 할인쿠폰(135스위스프랑)을 이용
한 티켓이 더 저렴한 조건이라며 추천해 주었다. 또한 어린이는 무
료라고 한다. 요금을 생각했던 것보다 70프랑이나 절약할 수 있어서
기분이 더 좋아졌다. 게다가 융프라우 방문 기념으로 기념여권도
만들어 주었고, 메모를 할 수 있는 안내책자도 함께 주었다. 열차를
타는 동안 예린이는 이 안내책자를 펼쳐 놓고서 나름대로 뭔가 기
록을 많이 했다.

　이제 플랫폼으로 가서 클라이네 샤이텍행 알프스 산악열차를 타
기만 하면 된다.

클라이네 샤이텍

TIPS!!

해발 2,061m의 산악마을로 융프라우로 향해 가는 열차가 떠나는 곳이다. 융프라우, 아이거, 묀히와 같은 알프스의 고봉들을 감상할 수 있는 전망대와 레스토랑이 있으며, 역 인근에 해발 2,472m의 라우버호른(Lauberhorn) 정상으로 가는 리프트도 있다. 넓은 초원지대의 전원 마을을 감상하며 하이킹하기에 좋으며 겨울에는 눈썰매를 탈 수 있다.

마침내 클라이네 샤이텍행 열차를 타게 되었다.

아이들이 즐거워하는 모습을 보면 신나는 알프스여행이 시작된 것을 느낄 수 있었다. 열차의 차창 밖으로 보이는 알프스를 감상하며 융프라우에 갈수 있게 됨을 행운으로 여기게 되었다. 열차에 타자마자 계속해서 오르막길을 올라가더니 벤겐(Wengen)역에 도착했다. 여기서부터는 모든 곳이 눈으로 덮여 있다. 고도의 차이를 느끼기 시작되는 곳이기도 하다. 벤겐역에서 다시 출발한 열차는 알프스의 설경을 끝이 없는 파노라마처럼 보여주었다.

우리 열차가 지나가는 길을 따라 스키를 타고 내려오는 사람들이 있었다. 또 그 옆으로는 눈썰매를 타는 눈길이 있다. 눈썰매를 타는 사람들의 모습이 신기하고 부러워 보인다. 린이 눈썰매를 타고 싶다

클라이네 샤이텍역 건물

중앙에 톱니레일이 있는 선로

며 "이곳 사람들은 저런 눈썰매를 탈 수 있어서 얼마나 행복할까?"라는 말을 계속했다. 자꾸만 같은 말을 반복하더니 눈썰매를 타고 싶다고 조르기 시작한다.

"우리나라는 스트레스 공화국인데 이 나라 어린이들은 얼마나 행복할까?"라고 말하며 짜증을 내기 시작하기에 그만하라고 혼내봤으나 역효과만 났다. 아이들 달래기는 참으로 힘든 일이다.

마침내 열차는 클라이네 샤이텍역에 도착했다. 열차 밖으로 나오면서 마주보게 된 것은 아이거산이었다. 우리가 타고 온 라우터브르넨행 열차의 맞은편에는 그린델발트역에서 올라온 열차가 서있다. 처음 맛보는 공기의 상쾌함과 알프스의 고도를 느낄 수 있다. 클라이네 샤이텍역 주변 풍경을 짧은 시간 동안 둘러봐야 한다. 융프라우행 열차가 10분 후에 출발하므로 화장실에 다녀오고 나면 풍경을 구경할 수 있는 시간적 여유가 없기 때문이다.

융프라우

TIPS!!

융프라우는 스위스에서 가장 유명한 알프스 관광지이다. 스위스 하면 떠오르는 많은 사진들이 이곳에서 촬영되었다. 융프라우 전망대까지 등산 열차를 타고 가면서 알프스 고봉들을 구경할 수 있다. 융프라우 철도(JB 등산 열차)는 중간 기점인 클라이네 샤이테엑에서 2㎞ 정도까지는 초원 지대를 달리지만, 나머지 7㎞는 암벽을 뚫은 터널을 지나서 세계에서 제일 높은 해발 3,454m의 융프라우역에 도착하게 된다. 구에르 첼러가 1896~1912년까지 16년 동안 건설했으며 최대 경사도가 25도인 아프트식(an Abt system railroad)으로 9.3㎞를 오르는 데 약 50분 정도가 걸린다.

융프라우행 열차 안에서 한국인 젊은 부부를 만났다. 그들은 우리보다 많은 정보를 갖고 있는 여행자였다. 게다가 성격도 좋아서 아이들과 잘 놀아주었다. 융프라우로 가는 동안 몇 가지 중요한 정보들을 얻으며 좋은 시간을 갖게 되었다.

잠시 후 열차는 터널로 진입했다. 끝없는 터널이 계속되면서 점점 지루해지고 머리가 살짝 아파왔다. 혹시 이것이 여행후기에서 많이 읽었던 고산병이 아닐까 하는 생각이 들었는데, 기압의 차이에서 오는 두통일 수도 있을 것 같았다. 가족들이 알프스의 고지대에 오르게 되었을 때 고산병에 시달리지 않을까 걱정이 앞섰다. 그러나 린과 와이프만 머리가 조금 아프다고 했을 뿐, 별다른 탈 없이 융프라우에 도착했다.

유럽의 정상 융프라우에 도착하여 게이트를 통과했는데도 터널의 연속이다. 그래서 과연 이곳이 알프스의 정상인 융프라우가 맞는지 의심스러웠다. 또한 무엇을 어떻게 해야 할지 약간의 걱정이 앞섰는데, 전혀 걱정할 필요가 없었다. 터널을 따라 가기만 하면 투어(화살표에 쓰인 Tour 글자) 순서대로 잘 안내되어 있다. 터널을 따라 이동하면서 투어 방향으로 가기만 하면 된다.

TIPS!!

융프라우 파노라마(영상 4분 상영) → 스핑크스전망대 → 키르호퍼 시계전문점 → 알레취 빙하 → 묀히요흐 산장 → 알파인 센세이션 → 얼음궁전 → 고원지대 만년설 → 기념품숍 → 린트 스위스 초콜릿 월드 → 레스토랑(라면)

투어는 위 순서대로 진행된다. 린과 예린이 가장 재밌어 한 곳은 알파인 센세이션이었다. 알프스 동화를 인형으로 재현시켜 놓은 장식이 흥미를 끌기에 충분했고 포토존이라 할 수 있었던 공간이다.

융프라우 정상에는 우리가 생각하는 멋진 풍경은 없었다. 눈보라가 얼마나 세차게 몰아치던지 몸을 가누기조차 힘들었다. 눈보라가 있는 날은 열차운행이 중단된다고 하는데 당연히 그렇게 해야 한다는 것을 깨닫게 하는 상황을 체험하게 되었다. 그래도 몸을 가눌 수 없을 정도로 세차게 몰아치는 눈보라를 맞아보는 것은 평생 겪어보지 못한 대단한 경험이었다. 땅과 하늘은

알파인 센세이션

전망대

아무것도 구별할 수 없는 온통 하얀 세상이고, 사람이 서 있는 모습만 눈에 희미하게 보였다. 길 가장자리엔 야광 폴대가 세워져 있는데 길을 안내하기 위해 만들어 놓은 것임을 쉽게 알 수 있다. 철제 기둥으로 난간이 있는 곳은 벼랑이 있는 곳이기 때문에 아래쪽으로는 아무것도 보이지 않았다. 세찬 바람 때문에 벼랑에서는 눈이 솟아 오르는 광경이(눈이 내려가는 것이 아니라 하늘로 올라가는 모습) 너무나 신기해서 한참 동안 구경했다. 어느 순간부터 린과 예린은 세찬 눈보라 속에서도 눈을 가지고 노는 데 시간 가는 줄 모르는 것 같다. 어디를 가서든지 눈만 있으면 눈 뭉치기 놀이를 하면서 즐거운 시간을 보낸다.

융프라우 기념여권

다음 투어인 융프라우 박물관에서 융프라우를 건설하는

역사(History) 관람을 하고 있을 때, 열차 안에서 만난 한국인 신혼부부를 다시 만났다. 그들 덕분에 신라면을 제공하는 레스토랑을 알게 되어 융프라우 철도 브로셔에 딸린 쿠폰으로 그 유명한 융프라우 신라면을 먹을 수 있었다. 우리는 라면을 어디에서 제공해 주는지 레스토랑 위치를 전혀 몰랐는데 그들을 만나 이와 같은 정보를 제공받을 수 있었기 때문에 고마웠다. 그들이 건네준 정보 중에 가장 중요한 정보를 소개하자면 우리 여행자들이 눈썰매를 탈 수 있다는 것이다. 그래서 스위스 2일차의 일정에 계획하지 않았던 눈썰매를 타게 된다. 그 부부의 정보가 없었다면 이런 경험은 할 수 없었을 것이다.

  클라이네 샤이텍으로 가는 터널열차는 정확히 1시간마다 있으므로 이 열차를 놓치면 다시 1시간을 기다려야 하므로 이 부부와 함께 열차에 올랐다. 그리고 정상 숍에서 샀다던 초콜릿을 예린이에게 선물로 주었는데, 아이들은 맛있게 잘도 먹었다. 명함을 준비하지 못한 것이 여행의 준비사항 중 실수라고 생각한다. 귀국하고 나면 꼭 감사의 사례를 하고 싶은데 말이다. 부부는 클라이네 샤이텍에 도착하면 눈썰매를 타고 벵겐까지 갈 수 있다며 같이 눈썰매를 타자고 제안했다. 너무 좋은 생각이라 여겨져 썰매를 빌리기 위해 스키숍으로 갔다. 오후 4시가 지났기 때문에 눈썰매 대여를 해 줄 수 없다는 점원의 말에 다시 한 번 사정을 해 보았으나 절대 안 된다고 한다. 그러고 보니 클라이네 샤이텍의 날씨가 올라갈 때와는 달리 눈보라가 심하게 불기 시작했다. 불과 몇 시간 차이로 날씨가 크게 변화하는 걸 직접 체험했으니 날씨가 변화무쌍하다는 표현이 맞는 것 같다.

융프라우 열차 객실   폭설 내리는 클라이네 샤이텍역

다음날 눈썰매를 타면서 이와 같은 변화를 또다시 체험하게 되는 멘붕 상황이 연출된다. 이것이 예측할 수 없는 알프스 융프라우의 날씨이다. 눈썰매를 타고 내려가는데 무려 3시간 넘는 시간이 걸리므로 만일 오후 4시가 지난 이 시간에 눈썰매를 탔다면 해가 지고 밤늦게까지 눈썰매를 타는 위험한 상황이 초래되었을 것 같다. 여행은 안전이 제일 우선인 점을 생각하면 정말로 다행이었다.

융프라우 정상이 맑은 날씨가 아니었기 때문에 실망스러웠지만, 변화무쌍한 날씨에 융프라우를 등정할 수 있었던 것만 해도 운이 좋았던 것으로 재해석하는 계기가 되었다.

클라이네 샤이텍역에서 한국인 부부는 그린델발트로 간다고 해서 아쉬운 작별인사를 나누었다. 그리고 우리 가족은 라우터브루넨행 열차를 탔다. 종점인 라우터브루넨역에 도착할 때는 이미 해가 져서 밤이 되었고, 비가 조금씩 내리고 있었다. 버스가 무료이기 때문에 표를 구매하는 데 신경을 쓰지 않고 무조건 타면 되므로 참 편리했다. 슈첸바흐 숙소 방향으로 가는 141번 버스는 30분마다 있다. 버스를 기다리는데 다른 번호의 슈첸바흐 방향 버스가 먼저 왔기에 탔다. 그런데 버스는 다른 길로 가더니 슈첸바흐 캠핑장이라고 하는 버스 종점에서 멈추었다. 운전기사에게 우리의 슈첸바흐 숙소를 물어보았더니 이곳에서 가깝다고만 말한다. 비는 추적거리며 오는데 어떻게 해야 할지 몰라 답답했다. 정확한 위치를 알아보기 위해 구글맵을 켜서 위치를 확인하고 나서부터는 숙소의 방향을 알 수 있을 것 같았다. 그런데 구글맵에 길이 제대로 표시되어 있지 않아 방향만 보고 대충 찾아가야 했다.

캠핑하우스 사이를 통과하고 난 후에는 가로등이 없어 핸드폰을 랜턴 삼아 질척거리는 길을 조심스럽게 걸어야 했다. 분명히 숙소가 먼 거리는 아닌 것 같은데, 조그만 냇가가 나와서 앞길을 가로막았다. 냇가의 위아래를 둘러보니 다행히 다리가 있어 건널 수 있었고, 방향만 보고 걸었는데 어느 순간 숙소 앞에 도착해 있었다. 쌓여있던 눈에 비가 와서 질척거리게 된 길을 걸어왔기 때문에 신발이 모두 젖어서 난감하게 되었다. 다행히 숙소의 히터는 젖은 옷이나 신발 문제를 모두 해결해 주었다.

오늘은 여행 중 모처럼 숙소에 일찍 들어왔다. 덕분에 씻으며 여유 있는 시간을 가질 수 있었다. 김치, 멸치 등의 반찬과 햇반에 카레를 비벼 먹으니 입맛에 맞는 행복한 저녁식사도 즐길 수 있었다. 이후 린과 예린에게는 일기 숙제를 시키고, 우리 부부는 이곳의 밤문화를 즐겨보기 위해 바(Bar)에 들어가 보기로 했다. 하지만 이곳의 바는 고등학생이나 대학생들을 위한 공간 같아서 적응할 수 없었기 때문에 곧장 나올 수밖에 없었다. 그래도 모처럼 분위기를 내기 위해 차를 끌고서 라우터브루넨역 근처 술집을 찾아보기로 했다. 그러나 어떤 술집도 찾을 수 없었고, 차선책으로 맥주라도 사기 위해 슈퍼를 찾아보았으나 이마저도 없었다. 역 주변을 조금 더 둘러보다가 편의점 규모의 작은 가게에서 필요한 물과 캔 맥주 2개를 사는 것으로 만족하고 숙소로 돌아왔다.

전기 쿠커에 오징어를 굽고 캔 맥주를 마시며 와이프와 담소를 나누는 이 시간이 편안하게 느껴졌다. 적당한 음주는 하루의 피로를 푸는 데 최고인 것 같다. 밤이 더 깊어질 때 에린이와 와이프는 같은 침대인 아래층, 린은 건너편 2층에서 각각 자리를 잡았다. 대학생으로 보였던 옆방의 학생들이 밤늦게까지 시끌벅적하며 신나게 즐기는 모습이 부러웠다. 우리는 시끄러워도 피곤함 때문에 큰 지장 없이 잠들었다.

LYNN's diary

알프스 융프라우 실패

오늘 아침에 융프라우에 갈려고 했는데 버스를 놓쳐 버렸다. 하지만 상관없었다. 걸어갔다.
기차역까지 도착했더니 날씨가 안 좋아서 안 된다고 했다. 아주 실망했다. 그래서 김예린이랑 눈을 가지고 놀았다. 그리고 아빠는 차를 가지러 가셨다. 그동안 놀다가 차를 타고 집에 갔다.

융프라우에 갔다가 돌아오기

숙소에서 쉬다가 이번엔 버스를 놓치지 않고 타서 중간까지만 올라가려다 혹시 몰라서 융프라우 되냐고 물어봤더니 된다고 했다! 그래서 기차를 타고 올라갔다. 그리고 또 환승을 해서 탔는데 어떤 커플을 만나서 그 커플이 도움을 많이 주셨다. 융프라우에 도착해서 구경을 하고 눈밭에서 사진도 찍었다. 1시간 동안 구경한 후 그 커플한테 눈썰매 어떻게 타냐고 물어서 눈썰매장 가는 기차로 같이 갔다. 가면서 초콜릿도 주셨다. 그리고 도착했더니 시간이 끝나서 못 빌려준다고 했다. 그래서 아쉬워하며 커플과 인사를 하고 커플이 알려준 안내하시는 분에게 아빠가 카톡을 해서 다른 놀이 없냐고 물어봤지만 늦어서 할 게 없다고 했다. 그래서 다음날 눈썰매를 타기로 하고 버스를 타고 숙소로 출발했다.
버스를 잘못 탔다. 걱정되었다. 버스기사한테 가는 길을 물어봤더니 친절하게 알려주셔서 걸어서 숙소에 가서 잤다.

PART 07

라우터브루넨 눈썰매, 루체른

6일차 (2016년 2월 8일)

라우터브루넨에서
클라이네 샤이텍으로

저녁부터 내리던 비가 눈으로 바뀌면서 새벽까지 이어지더니 아침
에 개었다.

날이 밝아지기 전에 와이프와 함께 숙소 밖으로 나와 하늘을 쳐다
보니 별들이 가득했다. 큰 숨으로 새벽 공기를 들이킬 때마다 상쾌

함을 느낄 수 있었다. 비염이 있는 린의 숨소리도 조용하다. 숨쉬기가 정말 편하다고 한다.

오늘의 일정을 예고했기 때문인지 아이들은 아침을 든든히 챙겨먹고 어제 계획한 눈썰매를 타러 가기 위해 빠르게 움직인다.

눈썰매를 타고 돌아오면 곧바로 체크아웃 할 수 있도록 출발 전에 짐을 모두 정리하여 렌터카 안에 실었다. 그리고 간단한 믹거리와 물을 배낭에 챙기고 141번 버스를 탔다. 9시쯤 라우터브루넨역에 도착하여 눈썰매 타는 방법에 대해 역 직원에게 물어보았다. 열차표는 스포츠패스(1인당 64스위스 프랑, 어린이 무료)를 사면 좋을 것 같다는 안내를 받았다. 스포츠패스는 라우터브루넨-클라이네 샤이텍-그린델발트 구간을 1일 동안 횟수에 관계없이 이용할 수 있는 패스라고 한다. 썰매는 200m 정도 떨어진 숍에 가서 렌탈하면 된다고 한다. 스키 렌탈숍으로 걸어가 썰매 4대(1대당 10스위스 프랑)를 빌렸는데 2대는 플라스틱, 2대는 나무로 된 썰매다. 렌탈 시 숍직원은 내 여권을 복사해서 신원을 확보하고 4명의 이름을 각각 기록한 뒤 프린팅한 스티커를 썰매에 붙여서 누구의 썰매인지 확인이 가능하도록 했다. 이와 같은 과정을 거친 후에 스위스에서 눈썰매를 타는 새로운 액티비티 체험을 시작하게 되었다. 아이들이 눈썰매를 역까지 들고 가는 것은 무게 때문에 만만치 않았다. 그러나 마음이 들떠 있어 눈썰매를 힘차게 들고 역까지 씩씩하게 걸어갔다. 열차시간에 맞춰 역에 도착하여 30분마다 출발하는 클라이네 샤이텍행 열차를 곧바로 탈 수 있었다.

클라이네 샤이텍행 열차 안은 스키 장비를 갖추고서 탄 승객들과

라우터브루넨 역

썰매 들고 기차타러 가는 중

산악열차 객실

클라이네 샤이텍에서 출발하는 융프라우행 열차

열차에서 내려다 본 라우터브루넨

융프라우를 방문하는 일반 관광객들로 나뉜다. 유럽인들은 대부분 스키를 타기 위해 클라이네 샤이텍으로 가는 것이고, 그 외 외국인들은 융프라우 관광을 하기 위해 간다는 것을 쉽게 알 수 있다. 눈썰매를 갖고서 클라이네 샤이텍 열차를 탄 사람은 우리 가족뿐인 것 같다. 우리 가족은 반현지인과 같다는 생각을 하게 된다. 오늘은 클라이네 샤이텍에 오르는 열차가 첫날보다 시간이 오래 걸리는 것처럼 느껴졌다. 이동시간을 알아보니 무려 1시간이었는데 어제는 시간이 길게 느껴지지 않았던 것 같다. 그래도 알프스 풍경을 보면서 가는 즐거움이 있고 여유로운 시간을 열차에서 보내며 차창 밖으로 보이는 풍경을 작품사진처럼 잘 찍어보고자 많이 노력했다.

클라이네 샤이텍에서 그린델발트로, 눈썰매 타기

클라이네 샤이텍역에 도착하여 열차 밖으로 나왔을 때, 라우터브루넨 날씨와는 다르게 바람이 세차게 불었다. 너무 세게 불어서 매섭게 느껴졌다. 오늘의 일정을 감안하여 눈썰매 타는 계획을 다음과 같이 세워보았다.

먼저 그린델발트 방향으로 눈썰매를 타고 내려갔다가 열차를 타고 클라이네 샤이텍으로 되돌아 온 후에 벤겐 방향으로 한 번 더 눈썰매를 타는 것이다. 날씨와는 상관없이 눈썰매를 타야하기 때문에 계획대로 먼저 그린델발트 방향으로 향했다.

클라이네 샤이텍의 액티비티 안내도를 보면 스키 초급, 중급, 고급과 눈썰매(하이킹) 코스를 색깔별로 다르게 표시하고 있다. 스키 초급은 블루, 스키 중급은 레드, 스키 고급은 블랙이고, 눈썰매는 퍼플이다. 눈썰매 출발 장소를 찾지 못해 두리번거리고 있던 중 눈썰매를 끌고 출발하는 사람들을 볼 수 있었다. 그곳이 출발지였다. 내려가다 보면 길을 따라서 양옆으로 보라색 폴대가 세워져 있다. 이 폴대는 안내도에 나와 있는 눈썰매 안내표시와 같은 색이므로 길을 안내하는 역할을 한다. 보라색 폴대를 잘 보고 내려가야 길을 잃어버리지 않을 것 같다.

세찬 눈보라 때문에 선글라스, 목도리, 장갑 등으로 완전 무장을 해야 했고 바람을 이겨내고 걸어야 했다. 걸을 때마다 생기는 눈 위의 발자국은 눈보라가 흔적도 없이 곧바로 지워버렸다. 이렇게 눈보라는 심했고, 길은 눈으로 완전히 뒤덮여 있었다. 어느 정도 이상의 경사가 있어야만 썰매를 타고 갈 수 있는데 경사가 너무 없었다. 일반적인 트레킹 코스라고 하는 것이 좋을 듯싶었다. 때문에 경사가 있는 길이 나올 때까지 썰매를 끌고 가야 할 것 같았다. 눈보라를 맞으며 걸어가는 것은 너무 힘이 들었고 아이들이 걱정되기 시작했다. 혼자라면 모르겠지만 아이들을 데리고 과연 그린델발트까지 갈 수 있을지 의문이 들기 시작한다. '눈썰매 타는 것을 포기하고 되

눈보라 속에서 눈썰매 타기

눈썰매를 잃어버렸던 곳

눈썰매 타기 완전 적응!

돌아가야 하는 것이 아닌가?' 하는 고민이 머릿속에 맴돌았다. 어느 정도 걷다 보니 눈보라가 조금 약해지면서 썰매를 탈 수 있는 경사진 길도 나왔다. 그러나 그것은 짧은 구간이었다. 이렇게 조금씩 내려가다가 걸어온 길을 뒤돌아보았다. 클라이네 샤이텍역은 점점 멀어졌고 눈썰매길 옆 기찻길에는 그린델발트행 열차가 지나가고 있었다. 나는 예린이와 함께 앞서 가고, 린과 와이프는 뒤에서 따라오는데 자꾸만 간격이 멀어진다. 한참을 걸어가자 눈썰매를 탈 수 있는 경사진 길이 나오기 시작한다. 이때부터 신나게 눈썰매를 타고 내려갈 수 있었다.

그런데 린과 와이프가 제대로 따라오지 못했는지 보이지 않았다.

그들이 어디쯤에 있는지 왔던 길을 되돌아가 보았다. 린이 눈길에 잘 적응하지 못해서 한참 동안 제자리에 허둥대는 바람에 시간을 많이 허비했다고 한다. 혼자 걷기에 힘들어하는 것 같아 린의 썰매를 대신 끌어주며 예린이가 있는 곳으로 되돌아왔다. 그런데 그 사이 예린이가 눈썰매를 잃어버렸단다. 헉!

예린이 말로는 '썰매를 타다가 앞으로 넘어졌는데 고개를 들어보니 썰매가 미끄러져서 저 멀리 내려갔다.'고 한다. 그 썰매를 찾기 위해 눈밭을 헤맸다. 여러 가지 추측을 해 보았다. 눈길의 경사를 보았을 때 아주 멀리 갔을 것 같지는 않았고, 눈보라가 심하기는 하더라도 눈썰매가 벌써 눈에 뒤덮였을 것 같지는 않았다. 곰곰이 생각해 보니, 조금 전에 이 길을 걸어서 내려가는 사람이 한 명 있었는데, 그 사람이 가져가버린 것 같은 생각이 들었다. 그런 추론을 하고서야 썰매 찾는 일을 포기하기로 하고, 썰매 가격이 얼마인지는 모르지만 변상하기로 마음을 굳혔다. 예린이가 눈썰매를 잃어버렸으니, 내가 타던 썰매를 예린이에게 건네주고 걷기로 했다.

조금 걷다 보니 아빠 혼자 걸어가면 안 된다면서 린이 자신의 플라스틱 썰매가 크니까 같이 타고 가자고 한다. 실제로 두 명이 한 썰매에 타는 것이 가능할지 확인해 보았다. 썰매가 큰 편이었기 때문에 린과 함께 썰매를 타도 될 것 같았다. 이곳 알프스는 내려갈수록 경사진 길이 많아져서 눈썰매를 탈 수 있는 횟수가 점점 늘었다. 그럴수록 썰매 타는 즐거움에 모두들 신이 나기 시작한다. 출발할 때의 답답함과 걱정은 어느새 완전히 잊어버렸다.

눈썰매를 타다가 어느 지점에 왔을 때는 바로 옆에 있는 가파른 돌산이 너무 가까워지는데 이 산을 보기 위해서는 고개를 거의 90도로 젖혀야만 볼 수 있었다. 이처럼 가까이 있는 거대한 돌산은 다름 아닌 아이거산이었다. 너무 가까웠던 탓에 우리를 덮칠 것처럼 무섭게 느껴지기도 했다. 차가운 공기지만 신선도가 최고인 알프스 공기를 마시며 풍경을 구경하면서 느긋하게 트레킹을 하는 것도 정말 좋았다.

한참을 내려오다가 생각해 보니, 어느 순간 눈보라가 사라져 있는 걸 알게 되었다. 이런 상황을 깨닫고 나서 여유를 찾기 시작했고, 돌아서서 클라이네 샤이텍 방향을 보았다. 그곳은 아직도 눈보라가 심했고 바람에 날리는 눈 때문에 뿌옇게 보였다. 눈썰매 코스를 지나가는 사람도 거의 없어졌고, 우리 가족만 남아 있다. 계속해서 이어지는 경사로에서 눈썰매를 타는데, 어느 순간부터는 눈썰매 타는 것이 힘들어졌다. 정말 신나게 타기는 했지만, 2시간이 지나면서부터 지쳐오기 시작한다. 그래도 아이들은 힘들지 않은가 보다. 지치지 않고 신나게 눈썰매를 타고 내려간다. 어제 린이 열차 안에서 눈썰매 타는 사람들을 보며 '이곳 사람들은 정말 행복하겠다.'는 말을 주문처럼 되풀이하며 눈썰매를 타자고 졸라댔는데 그 소원을 제대로 들어준 것 같다.

거의 3시간 동안의 눈썰매 타기가 끝나고 그린델발트 그룬드역에 도착했다. 시계를 보니 오후 1시가 지나가고 있었다. 대략 3시간 동안 썰매를 탄 셈이다. 썰매 타는 시간이 길어졌기 때문에 곧바로 클라이네 샤이텍을 거쳐 라우터브루넨으로 돌아가기 위해 열차 시간을 알아보았다. 그런데 산 정상(클라이네 샤이텍)에서 불고 있는 눈보라로 인해 클라이네 샤이텍행 열차운행이 중단되었다고 한다. 그러면 이제 우리는 어떻게 돌아가야 하는가? 당초의 계획과 현재의 사정을 역 직원에게 설명하였다. 그 역 직원은 걱정하지 않아도 된다며 우리를 안심시켰고, 이곳 그룬드역에서 그린델발트행 열차를 타고 간 다음 인터라켄행 열차로 환승하고 나서 츠바이뤼치넨(Zweilütschinen)역에 내린 뒤 라우터브루넨 열차로 또다시 환승하면 된다는 대안을 제시해 주었다. 그리고 스포츠패스를 대신해서 라우터브루넨역까지 갈 수 있는 열차 티켓도 무료로 만들어 주었다. 스위스 역무원들은 정말 친절하다. 덕분에 산악열차를 타지 않아도 됐고 일반열차를 타고 기차여행을 할 수 있게 되었다. 또한 라우터브루넨까지 1시간 정도 빨리 되돌아가게 되어 그만큼 시간도 아낄 수 있었다.

라우터브루넨에 도착해서는 렌탈숍에 들러 썰매를 반납해야 한

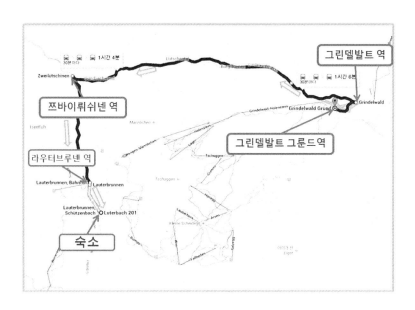

다. 렌탈숍에 들어가 썰매를 반납하면서 숍 주인에게 썰매 한 대를 잃어버린 것에 대한 자초지종을 이야기하고 변상처리를 하겠다고 했다. 그런데 숍 주인이 말하기를 '썰매에는 숍 이름이 적혀 있다. 눈 썰매를 주운 사람이 가까운 곳의 썰매숍에 맡겨 줄 것이다. 그러면 썰매에 적혀 있는 숍으로 연락이 온다.'라고 한다. 그러므로 그냥 가라고 한다. 정말 '땡큐'였다. 100스위스 프랑 정도의 변상을 예상하고 있었는데 괜찮다고 하니 돈을 번 것 같은 생각이 드는 건 뭔지 모르겠다. 마음씨 좋은 주인에게 미안하고 감사하다는 말을 건네고 기분 좋게 썰매숍을 나왔다.

라우터브루넨역에서 141번 버스를 타고 숙소에 도착하니 오후 3시가 지나고 있었다. 체크아웃을 위해 사무실을 방문하여 관리인을 만나 숙박비 계산을 마쳤다. 관리인은 즐거운 시간을 보냈는지 물어보았다. '너무 훌륭했다'라고 하자, 그 관리인은 '즐거운 시간을 보냈다니 잘하셨다'면서 본인이 이곳에서 일하게 된 배경에 대해서 이야기를 해 주었다. 그녀의 고향은 잉글랜드인데, 이곳으로 여행을 왔다가 자연환경이 너무 좋아 오랜 동안 이곳에서 생활하기로 했고, 이 캠핑하우스에서 일을 하게 되었다고 한다. 어쩐지 관리인은 미혼으로 보였고, 영어를 매우 잘한다는 생각도 하고 있었는데 그 이유를 알게 되었다.

가야 할 길이 멀기 때문에 그녀와의 대화를 마무리하고 체크아웃을 마친 뒤, 곧바로 렌터카를 운전하여 루체른으로 향했다. 인터라켄을 통과하기 전에 슈퍼마켓에 들러 간단한 먹거리를 샀고, 가끔씩 차에서 내려 절경인 스위스 풍경을 감상했다. 라우터브루넨에 올 때는 야간 운전을 했기 때문에 스위스 풍경을 제대로 볼 수 없었지만, 떠나는 시간은 낮이라 연속적으로 펼쳐지는 알프스의 아름다운 호수와 설산들을 감상할 수 있었다. 스위스 겨울 풍경은 차가운 공기와는 다르게 왠지 포근하게 느껴진다.

루체른

TIPS!!

루체른은 스위스 중부 루체른호 서안의 로이스 강의 기점에 위치한 관광, 휴양 도시다. 8세기의 베네딕트파 수도원이 도시의 기원이며, 13세기에 생고타르 고개를 지나는 통상로가 열린 후 이탈리아와의 교통이 원활해지면서 크게 발전했다. 8세기에 건설된 교회와 많은 옛 가옥, 바로크식 건물 등이 있는 유서 깊은 도시로 1300년경 축조된 로이스강에 놓인 지붕 있는 카펠교는 현존하는 유럽 최고(最古)의 목조 다리라고 한다.

루체른으로 가는 길은 끝없이 이어지는 호수가 있어 운전하면서 멋진 풍경을 끊임없이 볼 수 있어 좋다. 내비게이션이 안내하는 길

을 따라 가면서 루체른 시내에 진입했다.

자동차 기름이 절반 이하로 줄어들었기 때문에 이번에는 기름 넣는 미션에 처음으로 도전해야 한다. 여기 주유소들은 대부분 셀프서비스라고 한다. 처음 주유소에 들어갔는데, 낯선 시스템에서 어떻게 주유해야 할지 몰라 현지인에게 물어보았더니 주유 방법이 어려워서 그들도 모르겠다고 한다. 대신에 주유 절차가 쉬운 주유소 위치를 가르쳐 주었다. 그곳으로 갔더니 셀프주유소가 있었고 주유방법은 간단했다. 차 키로 주유구를 열어서 주유한 다음 사무실에 있는 계산대에 가서 계산하면 된다. 이렇게 셀프 주유를 처음으로 시도하게 되었다. 궁금했던 점 중에 한 가지는 기름통에 기름이 풀(Full)이 되면 과연 주유동작이 자동으로 멈추는지 여부였는데 자동으로 멈췄다. 이것을 처음 해 보는 나로서는 신기하게 여겨졌다. 또한 디젤과 가솔린 구분에 신경이 곤두섰다. 물론 글자가 쓰어 있었지만, 검정색 손잡이는 디젤, 초록색 손잡이는 가솔린이라는 것을 몇 번이고 되뇌었다. 우리 렌터카는 디젤차이므로 디젤 주유를 했고, 사무실에 들어가 계산한 금액은 약 30스위스프랑이었던 것으로 기억한다. 기름값이 많이 비싸지는 않게 느껴졌다. 이탈리아보다 스위스의 기름값이 더 저렴하다고 한다. 이제 기름도 가득 채워졌으니 루체른 빈사의 사자상을 찾아갔다.

린은 책에서 보았던 것이라며 빈사의 사자상이 있는 곳에 꼭 가고 싶어 했었다. 빈사의 사자상이 있는 공원 근처까지는 금방 갈 수 있었는데, 입구를 찾지 못해 두 번 정도 길을 되돌린 후에야 겨우 골목길을 찾아 빈사의 사자상이 있는 공원 근처까지 갈 수 있었다.

빈사의 사자상

TIPS!!

프랑스혁명 당시인 1792년 8월 10일 루이 16세와 마리 앙투아네트가 머물고 있던 궁전을 지키다가 전사한 786명의 스위스 용병의 충성을 기리기 위해 세웠다고 한다.

스위스 용병들을 상징하는 사자가 고통스럽게 최후를 맞이하는 모습이 묘사되어 있고, 사자의 발 아래에는 부르봉 왕가의 문장인 흰 백합의 방패와 스위스를 상징하는 방패가 조각되어 있다. 마크 트웨인은 이 사자기념비를 '세계에서 가장 슬프고도 감동적인 바위'라고 묘사했다.

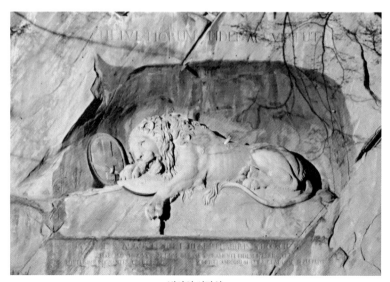

빈사의 사자상

빈사의 사자상에 도착했을 때는 이미 날이 어두워져서 사진을 찍기가 곤란할 것 같았다. 린은 사자가 슬픈 표정을 지을 수 있다는 점이 신기하다고 했다. 빈사의 사자상이란 이름이 왜 지어졌는지 이제 알게 되었다며, 삐쩍 마른 몸에 기운이 없어 보이는 사자는 그 모습이 무척 슬퍼 보인다고 한다. 인증사진을 찍고 주변을 둘러보던 중 갑자기 소나기가 쏟아졌다. 우리는 차가 있는 곳까지 뛰어서 차 안으로 들어갔다.

이제 밤이 되었으므로 인스부르크로 출발해야 한다. 루체른 시내에서는 카니발이 한창 진행 중이었다. 그냥 지나치기에는 카니발 행사가 흥미롭게 보여 카펠교도 구경할 겸 루체른 시내 관광을 하자고 했더니 모두 찬성했다. 미리 검색해 두었던 시내 지하주차장에 차를 주차하고 카니발 관광을 시작했다.

카펠교

1333년 로이스강에 놓인 다리로서 유럽에서 가장 오래되고 길이가 200m에 달하는 긴 나무다리이다. 위를 덮고 있는 지붕의 들보에는 스위스 역사 중 중요한 사건이나 루체른 수호성인의 생애를 표현한 112점의 삼각형 판화 그림이 걸려 있다.

밤이 되면 다리 주변에 조명이 화려하게 빛을 내어 경관이 아름답다.

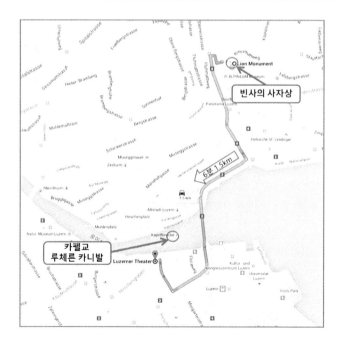

카펠교와 시내 야경

시내에 있는 지하 주차장에 들어갔는데 주차장 차단기가 열리지 않아 두리번거리고 있었다. 이때 덩치가 크고 조폭처럼 옷을 입었으며 껄렁껄렁한 듯(?)하지만 나이가 많아 할아버지뻘로 보이는 사람들이 주차 안내 및 요금에 대해 친절하게 설명해 주었다. 그 스위스인들은 맥주도 한 병 권하면서 어디서 왔는지 물어왔다. 그들은 옷차림부터 행동까지 특이했는데 그 이유는 카니발을 즐기는 복장이었기 때문이다. 운전을 해야 한다는 이유로 권하는 맥주에 대한 호의를 사양해야만 했다. 모두가 화려하면서도 특이한 의상을 차려입은 사람들이었기 때문에 오히려 우리와 같은 일반적인 옷을 입은 외국인이 너무도 튀는 상황이었다. 남녀노소 할 것 없이 체면이나 나이에 대한 권위 같은 것은 없어 보였고, 카니발 자체를 즐기는 모습이 정말 색다르고 부러워 보였다. 우리나라에서는 볼 수 없는 자연스러운 카니발 축제였다. 근래에 우리나라에서도 지자체마다 많은 축제가 생겨났지만 그 축제들은 지자체 중심적이고 관광객 유치를 위한 것이지, 그 지역민들이 즐기기 위한 축제는 아니라고 본다. 그러나 이곳 루체른은 시민들이 자발적으로 참여하는 카니발이 분명해 보였다.

카니발 덕분에 그냥 지나치려고 했던 카펠교에서 멋진 야경을 감상할 수 있었다. 루체른 카니발을 직접 체험하면서 우리 가족에게는 뜻깊은 인상을 남긴 저녁시간이 되었다.

인스부르크 숙소

TIPS!!

인스브루크라는 이름은 인(Inn)강과 다리(Brucke)라는 뜻의 독일어를 합친 단어에서 유래한 것으로서, 인강 위에 있는 다리라는 뜻이다. 로마 시대부터 동부 알프스의 교통 요지로서 발전하여 알프스 산맥에 있는 도시 가운데 가장 큰 도시가 되었다.

500년에 지어진 황금의 지붕은 인스브루크에서 가장 유명한 건축물로 건물 전면에 나와 있는 발코니의 지붕이 모두 금으로 덮여 있는 독특한 건물로서 도시의 상징이 되었다. 현재 이 건물은 박물관으로 사용되고 있다.

저녁 7시쯤 루체른 시내에서 출발하여 인스부르크에 가려고 하니 부담감이 커졌다. 인스부르크에 도착한 시간이 밤 11시가 조금 안 된 시간이었으니 4시간 가까이 운전을 했다. 운전하는 동안 심하게 몰려오는 졸음 때문에 휴게소에 들러 에스프레소 한 잔을 주문하여 마셨다. 그러나 효과는 딱 2시간이었다. 2시간 이후부터 또 졸음이

몰려오기 시작했다. 아이들은 너무도 편하게 뒷자리에서 자고, 와이프는 장롱면허 소유자였기 때문에 혼자서 야간 운전을 힘들게 해야만 했다. 고속도로에서는 처음으로 통행료를 지불하기 위해서 현금으로 계산하는 게이트를 찾아야 했고, 통행료 정산기 앞에서는 결재 방법을 몰라서 파악하는 데 애를 먹었다. 그러던 중 기다리고 있던 뒤차가 못 참겠던지 빵빵거려서 다소 당황하기도 했다. 오스트리아 국경을 통과한 뒤 나온 터널에서는 공사구간을 만나 약 30분 동안 대기해야만 했다.

인스부르크 근처의 팬션 숀넨하임(Pension Sonnenheim)에 도착했을 때는, 이미 숙소의 불은 모두 꺼져 있어 난감했다. 문을 힘차게 두들겼더니, 다행히 주인 할머니가 나와 주셨고 우리 가족을 따뜻하게 맞이해 주셨다. 안내해 주신 2층으로 따라 들어간 방은 쾌적하고 넓어서 좋았다.

지금까지의 숙소 중에서 최고이면서 가격도 저렴했던 것 같다. 장시간 운전으로 너무 지쳐 있었지만 잠이 오지 않아 숙소에서 나왔다. 차를 타고 마을 주변을 둘러보았다. 혹시나 맥주 한잔 할 수 있는 바(Bar)가 있을지 몰라서 말이다. 그러나 너무 늦은 시간이었기 때문에 영업 중인 바나 가게는 한 곳도 없었다.

장시간의 야간운전으로 피곤했기 때문에 기분전환을 위해 목을 축이고 싶었지만, 그러지 못하고 자야 하는 것이 너무 아쉬웠다.

LYNN's diary

알프스정상에서부터 썰매를 타고 내려오기

오늘 알프스 정상에서부터 썰매를 타고 내려오려고 호텔에 있는 짐을 다 차로 옮기고 알프스로 올라가는 기차를 타고 갔다.

도착해서 썰매를 끌고 타려고 했는데 눈보라가 너무 심했다. 눈한테 맞아서 아프기는 처음이었다. 그래서 썰매타기를 포기하고 싶었다. 썰매를 타는 게 아니라 썰매를 끌고 가게 생겼다.

그러나 중간쯤 와서 날씨가 좋아져서 썰매를 타고 갔다. 내리막길에선 썰매를 타고 평지에선 끌고 갔다. 바로 옆이 아무것도 없는 낭떠러지인데도 속도를 높였다. 근데 김예린이 썰매를 잃어버려서 아빠랑 나랑 썰매를 같이 타고 갔다. 그러다 이글런이란 곳이 나왔다. 안 가면 기차를 타고 가야 했다.

그래서 썰매를 타고 갔다. 경사가 더 심해서 더 재밌었다.

사자상

알프스에 갔다가 오스트리아로 가는 길에 사자상을 보고 갔다. 배에 갈비뼈가 다 보였고 아주 괴로워하는 표정이었다. 그걸 보고 다시 출발했다.

PART 08

오스트리아 인스부르크, 돌로미테

7일차 (2016년 2월 9일)

인스부르크 숙소에서 오르티세이로

    오늘은 아침 9시부터 하루 일정을 시작할 계획이었다. 일정의 변수가 발생하는 요인들을 보면 외적인 문제가 대부분이지만 내적인 문제가 돌발적으로 일어나곤 한다.

    가장 큰 변수는 린과 예린의 철없는 행동이다. 대수롭지 않은 일로 린과 예린이 서로에게 화를 내고 짜증을 부리는데, 보통 때와는 달리 여행 중에는 신경이 날카로워져 크게 혼을 냈다. 여행 스케줄을 관리하고 진행하는 데 신경을 모두 써야 하는데 아이들이 아침부터 티격태격하니 화를 누를 수 없는 한계에 이른 것이다. 서로 간의 다툼으로 인해 잃어버린 시간이 꽤 크기도 했지만 정신과 몸까지 지쳐 기운이 빠져버렸다. 여

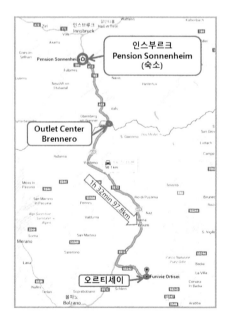

행을 올스톱한다고 엄포를 놓고 항공사에 전화를 걸어 실제처럼 영어로 다음날 혹은 가장 빠른 귀국 비행편을 알아보는 척했다. 그랬더니 둘 다 잘못했다며 반성하는데도 이미 임계점을 넘어선 화는 쉽게 누그러지지 않았다. 다시는 다투지 않겠다는 다짐을 받고서야 스케줄을 진행하기로 했는데, 이때는 이미 1시간이나 시간을 허비해 버린 뒤였다. 최대한 시간을 효율적으로 관리하려고 노력하는데, 잃어버린 이 시간이 얼마나 아까운지 이 녀석들은 잘 모를 것이다.

짐을 모두 정리하고 체크아웃을 할 때 어젯밤에 보지 못했던 젊은 여자 주인이 불편한 점은 없었는지, 방이 마음에 들었는지, 어디서 왔는지, 다음 목적지가 어디인지 등 여러 가지를 친절하게 물어보았다. 나는 한국에서 왔고, 유럽 가족여행 중이며, 볼차노 방향으로 가서 오르티세이를 방문하여 자연을 감상하며 돌로미테를 횡단할 것이라고 했다. 그녀는 돌로미테는 잘 모르지만 볼차노 가는 방법에 대해서 좋은 정보를 알려 주었다.

계획했던 A13번 고속도로를 이용하지 말고, 같은 방향으로 나란히 가는 182번 일반도로를 이용하면 멋진 알프스 풍경을 볼 수 있을 뿐만 아니라 비싼 통행료를 절약할 수 있다고 한다. 특히 통행료가 비싸다는 것을 매우 강조한다. 내비게이션으로 지도를 확인해 보니 고속도로와 나란히 국도가 있는 것을 알 수 있었다.

팬션 숀넨하임에서 출발하자마자 어젯밤에 봐두었던 마트를 갔다. 물 등의 생필품을 사야 할 것 같아서 잠깐 들어가 보기로 했다. 마트에 들어가 보니 꽤나 규모가 커서 물건도 다양하게 많이 있었다. 가격을 보면 굉장히, 아니 엄청 저렴하게 표시되어 있다. 500cc

| 펜션 숀넨하임 & 렌터카 | 숙소 근처의 대형마트에서 장 보는 중 |

캔맥주가 0.4유로부터 시작되고, 대형초콜릿이 1유로, 물 1.5ℓ가 0.5 유로 등등, 너무 저렴해서 카트에 한가득 채웠다. 약 50개의 캔 맥주, 대형 초콜릿 약 40개(선물용), 각종 과일, 음료수, 물 12페트, 스테이크, 소시지 등 카트에 실려 있는 모두를 계산해 보니 겨우 131유로이다. 너무 저렴해서 행복했고 저렴한 물가 때문에 오스트리아가 좋아졌다. 쇼핑할 때는 좋았지만 카트에 실려 있는 모든 짐을 차에 실으려하니, 과연 모두 실을 수 있을지 걱정이 되었다. 이리저리 요령껏 쑤셔 넣었더니 겨우 모든 짐을 실을 수 있었다. 저녁에 숙소에서 알게된 일이지만 여기서 샀던 생수 12병은 탄산수였다. 이런…

이제 차에 가득 짐을 실었으니 오르티세이로 출발한다. 펜션 주인이 방향을 제대로 알려 주었기 때문에 국도에 쉽게 진입할 수 있었다. 어젯밤에 운전하면서 보지 못했던 오스트리아 알프스는 스위스와는 또 다른 매력이 있다. 운전을 하다가 잠깐 차를 세워 사진을 찍기도 하고, 어느 땐 작은 마을에 들어가 시골 풍경을 감상해 보기도 했다. 만일 고속도로를 이용했으면 이와 같이 즐기면서 여유로운 드라이빙을 할 수 없었을 것이다. 그리고 저렴한 물가를 확인했기에

오스트리아 시골 풍경

어느 마을을 통과할 때는 주유소에 들러 기름도 가득 채웠다. 디젤 기름값도 리터당 0.8유로 정도로 스위스에 비해서 굉장히 저렴하므로 이탈리아 국경을 통과하기 전에 주유를 잘했다고 생각한다.

이탈리아 국경에 이르렀을 때에는 조금씩 눈 비가 오기 시작했다. 국경 근처에서 우리나라의 읍내 크기의 마을을 통과하게 되었는데, 그곳의 아웃렛 쇼핑몰이 눈에 들어왔다.

쇼핑몰에 들어가 점심도 해결하고 쇼핑도 할 겸 방문하기로 결정한다. 쇼핑몰 창밖으로는 함박눈이 내리고 있어 분위기가 좋았다. 와이프는 베네통 매장에 들어가더니 가격이 싸다며 여러 가지 옷들을 주워 담기 시작한다. 아이들의 옷을 중심으로 가족 모두의 옷을 많이도 샀는데 생각 이상으로 엄청나게 저렴했기 때문이다. 이 아웃렛을 나중에 알아보니 중저가 브랜드 제품을 매우 저렴하게 판매하는 브레너 아웃렛(Outlet Center Brenner)이라는 쇼핑몰로 이탈리아-오스트리아 국경에 있다. 쇼핑을 마치고 옷이 대부분인 물건들을 차에 실으려고 하니 정말 난감해졌다. 마트에서 샀던 물건들도 겨우 실을 수 있었는데 어떻게 이 옷들을 차에 넣을 수 있을까? 한참을 이리저리 정리했더니, 차에 다 들어가기는 했다. 렌터카(시트로엥 피카소 C4)의 적재량이 차량크기에 비해 많이 실을 수 있어서 다행이었다. 이렇게 오랜 시간 동안 쇼핑을 하고 났더니 시간은 오후 2시를 지나고 있었다. 쇼핑몰에는 레스토랑이 없어 점심식사는 하지 못했고, 일정이 너무 늦어졌다는 생각이 들어 점심은 차 안에서 빵으로 대신하였다. 그리고 빠르게 오르티세이를 향해 달려야 했다.

국경을 넘어 이탈리아에 들어서자 또 다른 경치들이 펼쳐진다. 산악지역을 빠져 나오면서부터 주변은 온통 포도밭이었다. 겨울이라 비록 앙상한 갈색 줄기만 남아 있지만 대단히 큰 규모의 포도밭이 끊임없이 계속되었다. 이탈리아는 산 중턱 또는 높은 곳에 그림 같은 집이 많았다. 이유는 잘 모르겠지만, 차가 없던 중세에는 많이 불편했을 것 같았다. 물론 여유가 있는 사람들은 마차나 말을 이용해서 다녔겠지만 말이다. SS12번 국도를 따라 가다보면 중세풍의 집들과 유적이 계속해서 나타난다. 산 정상에 세워진 성(Castle)을 지날 때는 좋은 사진 배경될 것 같아 잠시 정차하여 사진을 찍었다. 그리고 다시 출발하기를 몇 번이고 반복하면서 이동을 했다.

볼차노 방향의 SS12번 국도에서 갈라져 오르티세이 방향의 SS242번 국도를 타기 시작했다. 도로가 1차선으로 작아졌다, 2차선으로 커졌다 하기를 반복하는데, 2차선 도로라 할지라도 도로폭이 좁기 때문에 주행속도를 빠르게 할 수 없어 답답했다. 이탈리아 운전자들은 이렇게 좁고 꼬불꼬불하면서 경사가 심한 길을 상당히 빠른 속도로 질주한다. 운전경험도 많고 아직 운전감각이 좋은 나이라 큰 문제없이 현지인들과 같은 운전스피드를 맞출 수는 있었다. 만일 능숙

산 중턱에 있는 고성(?)　　　오르티세이 근처에서 도로변 폐가의 예수상

한 운전자가 아니라면 상당히 위험하게 느껴졌을 것 같다.

　오르티세이에 못 미처 린의 소변을 해결해 주려고 갓길에 주차할 수 있는 장소를 찾아 잠시 차를 세웠다. 길 건너편에는 폐가가 있다. 2층쯤의 높이에 십자가에 못 박힌 예수상이 걸려 있었다. 우리는 이 건물이 무엇이었을까 하는 생각을 하고 의견을 교환하다가 예수님상 앞에서 기도를 하고서 폐가 주변에서 볼일을 봤다. 린과 예린이는 이 폐가의 예수님상이 강렬한 인상을 심어주는 광경이었나 보다. 여행 중에 몇 번이고 이 예수님상에 대한 이야기를 하곤 했다. 다시 차를 달려 오르티세이에 도착했다.

오르티세이

TIPS!!

알프스에는 높은 봉우리들이 많지만, 돌로미테는 특별한 형태의 아름다운 모습이 펼쳐진다. 산들은 믿기지 않을 정도로 가파르고 환상적이며, 풍경은 트레킹을 위해 만들어 놓은 듯하다. 높은 산꼭대기에는 등산객들이나 올라갈 수 있겠지만, 편하게 트레킹을 즐길 만한 곳도 많다. 초원의 풀을 깎기 전인 초여름(5~6월)에 가면 야생화가 만발한 아름다운 풍경을 볼 수 있다.

오르티세이는 죽기 전에 가봐야 할 휴양지 중의 하나이다.

당초 계획은 케이블카를 타고 알페 디 시우시 고원에 올라가서 패러글라이딩을 할 생각이었다. 린은 패러글라이딩 타는 것이 싫다고 했지만, 모두들 하고 싶어 하므로 억지로라도 함께할 생각을 갖고 있었다. 그러나 날씨가 흐린 탓에 시야가 좋지 않아 케이블카를 타고 고원으로 올라가더라도 패러글라이딩을 탈 수 없을 뿐만 아니라, 멋진 풍경도 볼 수 없을 것 같았다. 돌로미테 풍경을 감상하기 위해 여행 스케줄에 이곳을 포함시켰는데, 제대로 된 풍경을 볼 수 없게 되어 아쉬웠다. 게다가 시간도 많이 늦어졌기 때문에 적당히 마을 구경이나 하고 통과하기로 결정했다.

대신 오르티세이 시내와 풍경이 잘 보이는 곳으로 차를 타고 올라

갔다. 전망이 좋아 보이는 장소에서 차를 세우고 오르티세이 풍경을 감상하면서 잠시 휴식을 갖기로 했다. 돌로미테 겨울의 마을 관광객들을 보면 대부분 스키를 타기 위해 모여드는 것 같다. 케이블카도 정말 많았고, 곤돌라도 많았다. 벌써 오후 3시 30분을 넘긴 시간이라 오르티세이는 이 정도만 보기로 하고, 코르티나 담베초(Cortina d'Ampezzo)로 출발한다.

코르티나 담베초를 향해서

돌로미테 드라이빙이 시작되었는데, 날씨가 흐린 탓에 풍경을 제대로 볼 수 없었다. 흐린 날씨는 계속 이어지더니 눈발이 날리기 시작했다. 산 능선으로 들어서면서 길도 점점 험해졌다. 이전부터 눈이 많이 내렸었는지 길 가장자리부터는 상당히 쌓여 있었으나, 다행히 도로는 눈이 바로 녹고 있다. 파쏘 포르도이(Passo Pordoi)를 통과할 때부터는 풍경이 전혀 보이지 않을 정도로 폭설이 내렸다. 도로의 눈은 내리자마자 곧바로 녹기 때문에 운전에는 큰 탈이 없을 것 같았다. 가족들은 이처럼 많이 내리는 눈을 보면서 동화 속 나라에 와 있는 듯한 느낌이 든다면서 눈에 대한 즐거운 대화를 나누었다. 하

지만 운전하는 시간이 흐를수록 긴장감이 점점 더 커져갔다.

어느 순간부터 기어가듯이 운전하게 되었고, 큰 고개를 두 번이나 겨우 넘었다. 가야 할 거리가 아직 많이 남았고 날은 점점 어두워지고 있어 슬슬 걱정되기 시작했다. 코르티나 담베초에 도착할 때까지 이제 큰 고개는 없을 것이라고 생각했다. 그런데 아직 고개가 남아 있었다. 새로운 오르막길이 시작되고 있었던 것이다.

아이들은 뒷좌석에서 잠들어 있고, 전면 시야는 20~30m 앞을 볼 수 없을 정도로 폭설이 내리고 있다. 도로변에 보라색 폴대가 세워져 있는 것을 발견했다. 눈이 많이 오면 길을 잘 파악할 수 없을 것 같아 도로변에 보라색 폴대를 세워서 안내하도록 한 것은 정말 잘 한 것 같다. 폴대가 없었다면 길이 어딘지 구분하기가 힘들 것 같다. 언제부터인가 도로에도 눈이 상당히 쌓여가기 시작한다. 차츰차츰 쌓인 눈길에서 차가 미끄러지는 것이 느껴지기 시작했고 불안감은 더욱 증폭되었다. 어디쯤인지는 잘 모르겠지만 오르막길을 오르는데 차가 헛바퀴만 돌면서 더 이상 앞으로 나아가지 못하고 제자리에 멈춰버렸다. '이제는 안 되겠구나!' 하는 생각이 들면서 눈앞에 내리는 하얀 풍경만큼이나 내 머릿속도 백지장처럼 하얗게 되었다.

정신을 차리고 차에서 내려 스노우 체인을 장착해야 한다는 생각을 하게 되었고, 즉시 실행에 옮겼다. 그러나 단 한 번도 스노우 체인을 장착해 본 경험 없이 체인을 설치하려 하니 잘 되지 않았다. 내리는 눈을 와이프가 우산으로 가려주다가 제대로 하지 못하는 모습이 보기에 답답했던지 차 안에서 설명서를 가져다 보여주면서 설명서대로 따라해 보라고 한다. 핸드폰 플래시로 비춰가며 설명서를 보

았으나 잘 이해가 되질 않았다. 대충 체인을 감고서 차를 움직여 봤
는데 헛바퀴만 돌다가 체인이 벗겨져 버렸다. 체인을 장착하는 일은
설명서만 보고서 할 수 있는 일이 아니라는 판단을 내렸고, 지나가
는 차가 있으면 SOS를 해 보기로 했다. 차도 자주 다니지 않는 도로
에서 기다림은 또 다른 걱정이었다. 잠시 후 우리가 진행하는 방향
으로 아우디 승용차가 올라오고 있어 손을 흔들었다. 아우디 승용
차는 내 앞에서 멈추었고 운전자는 창문을 내리며 무슨 일이냐고
물어보았다. 차 안에는 젊은 청년 혼자서 타고 있었다.

"Could you help me? My car don't move. so I tried to chain
the chain, But I could not do to chain, because I am first time
to chain. If you have ever been to chain the wheels, please
help me…" 등등 정확히 뭐라고 했는지도 모르는 말을 절절이 이
어가자 청년은 흔쾌히 "OK! Do you have chains? Please wait." 하
더니 옆자리의 빵모자를 집어 들고서는 머리에 푹 눌러쓰고 차에서
내렸다. 나중에 와이프가 하는 말에 의하면 이 이탈리아 청년이 빵
모자를 푹 눌러쓰고 'OK!' 하면서 나왔을 때 백마 탄 기사처럼 멋지
게 느껴졌다고 한다.

어쨌든 그 아우디 청년은 차를 조작해 보라고 몇 가지 사항을 지
시하더니 좌측 바퀴부터 체인을 달기 시작했다. 분명히 할 줄 아는
모습이기는 한데 빠르게 진행되지는 않았다. 그동안 그 청년과 가
족여행에 대한 이야기 등 오늘까지 있었던 이야기를 나누었다. 마침
내 좌측을 설치했고 우측을 설치할 때는 빠르게 진행되었다. 체인
을 다 설치하고 나서 10m쯤 운전해서 가보라고 한다. 그런 후에 헐

렁해진 체인의 잠금을 풀더니 다시 꽉 조였다. 나중에 알게 된 사실인데 이것이 체인 설치의 기본 매뉴얼과 같은 절차였다. 아우디 청년은 손을 탈탈 털며 일어나 '체인 장착이 다 되었다. 그런데 타이어가 아주 나쁘다. 타이어가 좋았다면 체인을 장착하지 않고서도 눈길을 갈 수 있었을 것이다. 체인을 설치했으니 이젠 문제가 없을 것 같다.'고 한다. 그리고 우리에게 먼저 출발하라고 권한다. 이 고마움을 어떻게 표현해야 할지 몰라서 "Thank you very much for help me, sincerely…"라고 하자 그 청년은 내 차가 출발하는 걸 봐야 한다며 먼저 가라고 한다. 명령과 같은 그 아우디 청년의 말대로 먼저 출발했다. 이제 미끄러짐이 없이 오르막길을 잘 올라가게 되었다. 조금 전까지 멈춰서 있던 장소에서 멀어질 때 백미러를 보았더니 그 청년은 그제야 자신의 몸에 잔뜩 쌓인 눈을 탈탈 털고서는 차에 탔다. 뭔가 사례를 하고 싶은데, 돈 100유로 정도를 건네줄까? 그렇게 하면 좀 이상할 것 같고, 그렇다고 뭔가 준비한 것이 없으니 참 아쉽다는 생각을 한다. 그때 여행 전 준비사항에 대하여 생각났다. 여행 준비사항에서 명함과 간단히 한국을 알릴 수 있는 선물을 왜 준비하라고 하는지 이제야 이해가 되었다. 그 청년에게 아무런 연락처나 사례를 하지 못하고 헤어진 것이 너무나 아쉽고 미안한 생각이 들었기 때문이다. 이 아우디 청년 덕에 이탈리아 청년들에 대한 호감도가 매우 높아졌다. 이탈리아에서는 겨울에 차 렌탈 시 스노우 체인을 반드시 포함해야 하며 만일 차량에 체인을 휴대하지 않으면 벌금을 내야 한다고 한다. 그래서 렌탈 시에 2만 원 정도의 금액을 더 주고 체인을 포함한 차량을 렌트했던 것이 결과적으로 정말 다행이었고 운이 좋다고 할 수 있겠다.

바퀴에 체인이 설치되어진 후로 마음의 안정을 되찾았다. 그리고 가야 할 길을 계속해서 나아가는데, 이젠 암흑 속에 있는 것처럼 완전히 어두워졌다. 조금만 더 늦었어도 깜깜한 밤에 체인을 설치할 뻔했다.

코르티나 담베초까지 20㎞ 남았다는 표시가 몇 번이고 보이지만, 좀처럼 도착시간이 줄어들지 않는다. 꼬불꼬불한 도로에 눈이 두텁게 쌓이다 보니 서행할 수밖에 없어 시간이 많이 걸리는 것 같다. 코르티나 담베초에 어느 정도 가까워지면서부터는 도로에 눈이 다 녹아 있었다. 그래도 불안한 마음이 조금은 남아 있어 코르티나 담베초 시내에 들어설 때까지 조심스럽게 운전해야 했고, 체인은 시내에 아주 가까워졌을 때 풀었다.

코르티나 담베초에 도착한 시간은 저녁 7시쯤이었다.

코르티나 담베초

코르티나 담베초를 제대로 구경하지 못하고 통과해야 하는 하루 스케줄이 될 줄은 몰랐다. 낮에 도착했다면 코르티나의 아름다운 풍경과 도시를 돌아볼 수 있었으련만… 폭설이 내린 것이 치명적이었다. 상황이 이와 같았기 때문에 어쩔 수 없었다. 코르티나에서의 아쉬움을 달래기 위해 시내에 들어가 보기로 했다.

중심지에 들어서니 ZTL 표시가 눈에 들어왔다. 혹시라도 규정에 위반되는 ZTL 구역에 들어갈 수도 있으므로 이에 대처할 웃긴 생각을 해냈다. 눈이 많이 내린 점을 이용하여 차량 뒷면 번호판에 눈을 잔뜩 입히기로 했다. 진눈깨비가 오는 중이라 눈이 잘 뭉쳐져서 쉽게 일을 진행할 수 있었다. 앞 번호판은 이미 눈을 너무 많이 맞아서 가릴 필요가 없었고, 오히려 전방라이트에 붙어있는 눈은 제거해야만 했다.

이제 ZTL 카메라에 찍힐 염려 없이 시내를 마음껏 누빌 수 있게 되었으므로 이리저리 돌아다녀봤다. 그러나 구경할 만한 것이 별로 없었다. 저녁식사를 시내에서 해결해 보려고 레스토랑을 찾아보았지만, 딱히 우리 입맛에 맞는 곳을 찾을 수도 없었다. 맥도널드만이라도 있으면 고민하지 않고 들어가 보려 했으나 아무리 찾아 봐도 없었기에 시내 구경만 하고 말았다. 마침 이 도시도 무슨 축제를 진행하고 있는지 루체른과 같은 규모는 아니지만 축제를 즐기고 있는 것 같았다. 주로 젊은 학생들 중심으로 즐기는 것으로 보였다. 이렇게 다니는 상황이 코르티나를 배회하는 것처럼 느껴지는 것 같아, 더 이상 코르티나 시내에 머물러 있을 필요가 없다고 생각했다.

레지던스 코르테(Residence Corte)

코르티나를 벗어나 20분 정도 야간운전을 하여 숙소에 도착할 수 있었다. 진눈깨비는 함박눈으로 완전히 바뀌어 펑펑 쏟아지고 있었다. 다행히 도로에 눈이 쌓이지 않아 큰 탈 없이 숙소까지 왔다.

숙소가 깊은 산속에 위치해 있으므로 정확한 위치를 찾지 못해 잠깐 헤매기는 했지만 오랜 시간이 걸리지는 않았다. 눈이 내리는 가운데 숙소에 도착하여 체크인을 먼저 해야 하므로 프런트에 가보았으나 직원은 퇴근하고 없었다. 로비에 있는 이탈리아인에게 상황을 설명했지만 영어를 할 수 없는 사람이라 무슨 말을 하는지 서로 대화가 전혀 통하지 않았다. 바디랭귀지의 뜻을 가늠해 보니 '직원이 퇴근하고 없으므로 투숙할 수 없으니 다른 곳을 알아보라'는 뜻인 것 같았다. 이런 상황에 대비한 것은 아니지만 준비해 온 예약확인서(영어, 이탈리아어)를 보여주었더니, 자기네들끼리 뭐라고 한참 동안 말을 한다. 그리고는 영어가 가능한 사람을 불러오기로 했으니 기다려보라고 한다. 잠시 후 60대 이탈리아 남성이 나타나 영어로 나의 상황을 물었다. 자초지종을 이야기하고 체크인을 할 수 있도록 도와달라고 했다. 그는 누군가에게 전화를 걸어 통화를 한 후, '직원은 오후 6시가 퇴근시간이라 이미 퇴근을 한 상태이다. 하지만 예약확인서에 체크인 요청시간이 기록되어 있으므로, 직원이 차를 타고 이곳으로 온다고 한다. 그러니 걱정 말고 잠깐만 기다리면 된다.'라고 했다. 이 이탈리안은 영어로 잘 설명해 주었기 때문에 정확하게 이해할 수 있었다. 그제야 안심하게 되었다. 기다리는 동안 차 안의 짐들을 로비로 옮겼다.

얼마 후 여직원이 도착했다. 젊은 미모의 이탈리안이었는데 친절하기까지 했다. 여러 가지 편의시설을 안내해 주면서 거듭 미안하다는 사과를 했다. 거듭된 사과에 짜증나고 걱정이 되었던 마음은 금방 사라졌다. 크고 넓은 숙소의 내부를 살펴보면서 우리나라의 콘도와 비슷한 형태의 숙소임을 알게 되었다. 숙소는 깨끗하고 넓었기 때문에 매우 만족스러워 오히려 기분이 좋았다. 이와 같은 숙소를 단 80유로의 가격으로 사용할 수 있도록 훌륭한 예약을 한 것에 대하여 가족들도 놀라워했다. 와이프는 '여행하는 날이 거듭될수록 숙소가 점점 좋아지는데 예약할 때 일부러 그렇게 했느냐?'고 물어본다. 하지만 의도적으로 한 것은 아무것도 없었다. 그저 가급적 저렴하고 여행목적지에 가까운 곳을 찾았을 뿐인데, 결과가 이렇게 되고 있을 뿐이라고 말했다.

코르테 숙소는 방이 2개이고 큰 주방과 거실이 있어 편하게 공간을 사용할 수 있으므로 대단히 좋았다. 일종의 모험과도 같았던 오늘의 힘든 일정을 모두 마치고 나니 긴장이 풀리면서 심한 갈증을 느꼈다. 오늘 마트에서 구입한 생수를 컵에 따르지 않고 벌컥 마시는데 입안을 톡 쏘면서 비릿한 느낌이 들었다. 입안의 물을 모두 뱉어

낼 수 밖에 없었다. 이런 어처구니없는 일이 있을까? 오늘 샀던 생수 12병 모두가 탄산수였다. 상황이 이렇게 되었기 때문에 마실 물을 걱정해야 한다. 그래서 고육지책으로 물을 끓인 다음 탄산을 제거하고 찬물에 식혀서 식수로 마시는 방법을 생각해냈고, 라면과 누룽지 등은 탄산수로 끓이기로 했다. 그렇게 하면 탄산수를 일반 물처럼 소진할 수 있을 것 같았다. 21년 전 여행에서도 탄산수 2병을 샀었는데 도저히 마실 수 없어서 버렸던 기억이 있다. 이번에는 조심한다고 했는데, 똑같은 해프닝을 다시 한 번 겪게 된 것이다.

저녁식사(햇반, 스테이크, 마지막 김치, 라면, 멸치, 어묵국 등) 준비를 하면서 오스트리아에서 사온 캔 맥주를 시원하게 냉각시키기 위해서 창밖의 난간에 올려놓았다. 동시에 숙소의 공간이 큰 장점을 이용해서 짐을 정리하고, 린과 예린이는 보고서를 쓰게 했다. 새벽에 추워질 수도 있으므로 준비해 온 전기장판도 설치했다. 아이들은 저녁식사 후에 금방 잠이 들었다. 우리 부부는 모처럼 여유 있는 시간에 과일, 스테이크, 오징어를 안주삼아 시원해진 캔 맥주를 마시며 긴장했던 마음을 풀면서 편안해진 여유를 즐겼다. 오늘의 즐거웠고 또는 힘들었던 이야기를 주고받으며 힘겨웠던 하루를 이렇게 마무리했다.

왜 유럽 여행에 돌로미테를 포함시켰는지에 대한 이유는 돌로미테 홈페이지에서 인용한 다음의 내용을 보면 이해할 수 있을 것이다.

돌로미테는 이탈리아어로 Dolomiti, 영어 · 라틴어로는 Dolomites, 독일어로는 Dolomiten으로 표기한다. 돌로미테의 어원은 '돌로마이트'라는 암석에서 유래되었다. 백운암과 석회암으로 이루어진 봉우리들이 거대한 산을 이루고 3,000m가 넘는 18개의 암봉과 41개의 빙하, 드넓은 초원과 맑은 계곡, 아름다운 자태의 숲이 어우러져 2009년 8월 유네스코 세계문화유산으로 지정되었다.

출처: http://www.visitdolomites.com/en/dolomites

LYNN's diary

마트에서 쇼핑

아빠한테 지름신이 붙은 것 같았다. 맥주를 카트에 있는 아기용 의자에 넘치게 쌓고 나랑 김예린한테 먹고 싶은걸 다 고르라고 하셨다. 레몬이랑 산딸기랑 자두랑 아보카도랑 요거트랑 주스 1ℓ짜리 6개랑 생수1.5ℓ짜리15개 등을 샀다. 영수증이 엄청 길었다. 차 트렁크가 꽉 차고 나랑 김예린이 타는 자리까지 차서 신발을 벗고 다녔다.

폐가에 예수님이

쇼핑을 다하고 차 타고 길을 가는데 폐가일 듯한 집이 나왔다. 예수님이 십자가에 못 박혀 돌아가신 상이 있는데.
집이 막 부서져 있어서 엄마 빼고 모두 오줌을 쌌다. 그리고 사진을 찍고 차에 탔더니 차가 안 움직였다. 예수님상에 오줌을 싸서 그런 거라 생각하고 죄송하다고 기도했더니 움직였다. 무서웠다….

재미있고 아슬아슬한 경험

오늘은 일찍 들어가 쉬려고 했는데 숙소에 가려면 돌로미테 산맥을 넘어야 했다. 그곳은 경치가 매우 아름답다고 한다. 최고의 드라이브가 되어야 하는데 아름다운 경치는 폭설에 가려지고 차를 타고 기어와야 했다.
3시간 정도 후, 한 고개만 넘기면 되는데 차가 안 움직였다. 어떤 아저씨가 도와주셔서 체인을 달고 쉽게 넘어갔다!
근데 오늘은 일찍 가서 쉬려고 했는데… 늦게 도착했다. 숙소에서 라면을 먹고 바로 잤다.

PART 09

돌로미테, 베네치아

8일차 (2016년 2월 10일)

레지던스 코르테를 떠나며

여행 시작일로부터 8일째 되는 날이다. 이제 여행의 6부 능선을 넘은 것 같다.

여행 중 자꾸만 새벽에 한번쯤 깨었다가 다시 잠이 드는데, 간밤에도 역시 깨었다가 다시 잠들었고 6시에 일어났다. 전날 과음을 해서였던지 취기가 아직은 남아 있다. 생각해 보니 인스부르크에서만 맥주를 마시지 않았던 것 같다. 아니 마실 수 없었다. 시원하게 맥주를 마시며 기분 전환을 하고 싶었지만 늦은 시간까지 열려있는 바(Bar) 또는 가게가 없었기 때문이다. 아직 날이 밝지 않았지만 아침식사(누룽지, 라면)를 준비하기 시작했다. 잠시 후 날이 밝아질 때쯤 숙소 주변을 한 바퀴 둘러보았다. 밤새 눈이 정말 많이 왔다. 도로상태가 걱정되어 큰길이 보이는 곳까지 걸어가 보았다. 다행히 큰길이 있는 쪽은 제설이 되어 있었다. 하지만 눈은 계속해서 많이 내리고 있는 상태였다.

출발할 때 도로의 상태가 괜찮을 거라고 생각했지만 다시 체인을 장착해야 할지 모른다는 걱정도 들었다. 숙소에 들어와 아이들을 깨워 샤워를 같이 하고, 아침식사도 가볍게 마쳤다. 짐은 정리하여 차

레지던스 코르테(거실)

레지던스 코르테 주차장

빙판 길을 설설 기어 가다가 잠시 포토타임

에 신고, 버릴 것은 버린 후 출발준비를 하고 나니 어느새 8시 30분이다. 출발 예정시간을 8시로 정했는데 30분 정도 지연되었다. 어차피 길도 좋지 않아 빠르게 갈 수 없기 때문에 시간에 구속받지 않기로 생각을 고쳐먹었다. 차는 온통 눈으로 덮여 있었다. 눈을 제거하려 했지만, 전날 내린 눈이 진눈깨비였던 탓에 얼어붙어 잘 떨어지지 않았다. 할 수 없이 운전에 필요한 최소한의 시야확보를 위해 앞유리의 일정 부분과 사이드미러의 눈만 제거하고 출발하게 되었다.

다행히 눈은 그쳤고 날씨까지 화창하게 개었다. 그러나 도로의 눈은 얼어붙어 있어 살살 기어서 가야만 했다. 숲속에 위치해 있던 숙소를 빠져나오자 돌로미테의 아름다운 풍경이 눈앞에 펼쳐진다. '이것이 바로 돌로미테의 풍경이구나….' 짧은 시간의 감상만으로도 전날의 아쉬웠던 마음을 보상받는 것 같았다. 몸과 마음이 상쾌해지고 기분도 좋아졌다. 국도에 진입하기 전, 전망이 좋은 곳에서 차를 세우고 사진을 찍으며 어제 제대로 보지 못한 돌로미테의 일부를 구경할 수 있었다.

돌로미테 드라이빙의 목적은 아름다운 이탈리아의 알프스를 감상하면서 시각적 즐거움을 느껴 보려는 것이었는데, 그 목적과는 정반대의 상황이 연출되고 말았다. 그런데 이렇게라도 경치를 볼 수 있게 되어 다행이었고, 돌로미테 여행의 마지막 시간을 해피엔딩처럼 끝낼 수 있었다. 이제 베네치아로 출발한다.

돌로미테에서 베네치아로

돌로미테 산맥은 생각했던 것
보다 훨씬 큰 것 같다. 지루한
눈길 운전을 하면서 '이제는 산
맥을 어느 정도 빠져 나왔겠구
나…' 하는 생각을 하면 그것은
잘못된 생각이었고, 꼬불꼬불한
도로가 계속해서 이어졌다. 눈
이 온 다음날 운전의 가장 큰
문제점은 길이 얼어 있는 곳이
많아 운전하는데 매우 조심스
러운 점이다. 그런데 노면 상태
가 이러함에도 불구하고 현지인

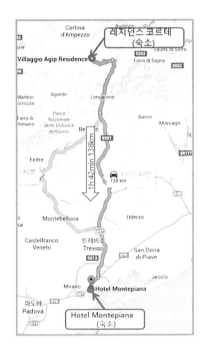

들의 차량 속도는 상당히 빨랐다. 우리만 너무 조심하면서 운전한
다는 생각을 하던 중, 곧바로 차량사고를 2번씩이나 목격했다. 두 번
모두 차량끼리 부딪히는 정면충돌 사고였는데, 파손상태가 상당히
심각했다. 이탈리아인들의 성격이 다혈질적이고 급하다는 말을 언

뜻 들었던 적이 있다. 교통사고가 그들의 성격과 연관이 있을 것 같은 생각이 들었다. 사고를 2번이나 봤으니 이제는 조심할 수밖에 없었다. 마침내 산이 보이지 않는 평지에 이르러 돌로미테 산맥을 완전히 빠져나온 것을 느낄 수 있었다. 그리고 곧 고속도로에 진입을 하게 되었다. 이때부터 차의 속도를 원하는 대로 올릴 수 있었다. 보통 시속 130~150km/h로 달리게 되면서 차량에 붙어 있던 눈들은 어느 순간 깨끗하게 사라지고 없었다. 돌로미테 산맥을 뒤로 하면서 포도밭들이 펼쳐지기 시작했고, 고속도로 왼쪽으로는 아드리아해의 바다가 보이기 시작했다. 한참을 달리다가 고속도로 중간쯤에 있는 휴게소에 들어갔다. 볼일도 보고, 아메리카노 커피 한잔을 주문하며 쉬는 사이 아이들은 군것질거리를 고르고 있었다. 그 사이에 주유소에 들려 차에 기름을 가득 채웠다. 눈으로 덮여있던 차는 지저분해져 있었기 때문에 앞 유리창만 워셔액으로 적당히 닦았다. 휴게소에서 짧은 휴식 시간을 보내고 베네토 메스테레역 근처의 몬테네피아 호텔(Hotel Montenepia) 숙소에 도착했다.

메스테레 숙소

　숙소는 예상보다 30분 정도 늦은 오전 11시쯤 도착했다. 몬테네피아 호텔의 주인이 동양인 같았기 때문에 어디 출신인지 물어보았다. 그들은 중국계로서 10년 전에 이민을 왔다고 한다. 주인은 친절했고, 베네치아 안내지도와 여행에 관련된 여러 가지 정보들을 제공해 주었다. 또한 이른 시간에 체크인을 해 줘서 짐을 호텔에 정리할 수 있었다. 차는 숙소에 주차한 상태로 놓아두고 베네치아로 가기 위해 메스테레역까지 5분 정도 걸어갔다. 메스테레역에서 베네치아 패스를 구입하는 방법에 대해서 현지인에게 물어보았다. 베네치아 패스 4매(대중교통 1일 무제한 사용권으로 1매당 20유로)를 승차권 자동판매기(발매기)에서 구입한 후, 2번 버스를 타고 베네치아로 출발했다.

몬테네피아 호텔

메스테레역 앞 2번 버스

베네치아

TIPS!!

영어로는 베니스(Venice)라고 한다. 베네치아만 안쪽의 석호 위에 흩어져 있는 118개의 섬들이 약 400개의 다리로 이어져 있다. 섬과 섬 사이의 수로가 중요한 교통로가 되어 독특한 시가지를 이루며, 흔히 '물의 도시'라고 부른다.

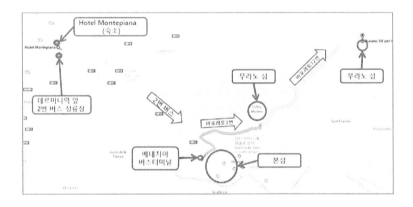

　21년 전 배낭여행을 하면서 베네치아에 들어가는 것은 낭만 그 자체였었다. 베네치아로 향하는 야간열차 안에서 아침에 눈을 뜨니 창밖으로 파란 바다가 보였고, 열차는 바다 위를 미끄러지듯 흘러가는 기분이었다. 아득한 그때의 기억이 떠오르는 가운데 오늘은 베네치아를 향해 버스를 타고 바다를 건너간다. 도로 옆으로 철길도 있

지만 트램이 지나가는 모습도 보인다. 1995년과는 교통 환경이 많이 달라진 것 같다. 그때는 전역한 지 얼마 되지 않은 24살의 나이였기 때문에 에너지가 넘치면서도 뭔가 어설픈 청년이었으나 지금은 두 자녀와 와이프가 있는 가장이라는 것이 다른 점이다. 또한 그때와 같은 베네치아 입구지만 배경이 많이 달라졌음을 느낀다. 바다를 보면서 회상에 젖어있던 시간은 짧았다. 멀리 보았던 베네치아였는데 버스가 이미 바다를 건너 베네치아 버스터미널에 도착했다.

버스에서 내려 제일 먼저 코스티투치오네 다리 위에 올라갔다. 린과 예린은 말로만 듣던 베네치아 운하를 내려다보면서, 베네치아에와 있다는 것을 실감할 수 없다고 한다. 서로 볼을 꼬집어보는 장난도 친다. 우리는 첫 번째 행선지로

코스티투치오네 다리

무라노섬에 가기로 결정했다. 무라노섬에 가기 위해서는 3번 바포레토를 타야 하는데, 시간이 30분 정도 남아 있으므로 다시 터미널 옆의 코스티투치오네 다리 위에 올라 베네치아의 운하를 감상하다가 산타루치아역이 어떤 모습인지 들러 보기로 했다. 21년 전 산타루치아역은 대단히 큰 규모로 느껴졌었다. 배낭을 역에 있는 수화물 보관함에 넣어두고 베네치아를 이른 아침부터 밤늦게까지 다리가 아프도록 하루 종일 다녔던 기억이 난다. 하지만 지금 보는 베네치아역은 왠지 작아 보이는 느낌이었다. 잠시 후 무라노행 선착장(노선별로 선착장이 별도로 있음)에서 바포레토(3번)에 올라탔다. 아이들은 배가 운하

바포레토 선착장

3번 바포레토 승차

바다 건너 알프스 산맥

를 슬슬 빠져나가는 즐거움을 만끽하며, 생전 처음 보게 된 운하도시의 이국적인 모습을 감상한다.

배 안의 승객은 모두가 관광객인 것 같다. 거의 모든 사람들이 카메라를 손에 들고서 자리를 옮겨가며 사진을 찍는다. 그리고 저마다 자국의 언어로 흥거운 대화를 나누고 있는 듯하다. 여기저기서 한국말도 들렸다. 며칠 동안 보지 못했던 한국인들을 유명 관광지에 와서 볼 수 있게 되니 반가웠다. 대부분 학생들이었고 패키지 단체여행객들도 많았는데 우리처럼 가족여행을 온 사람들도 가끔씩 보였다. 바포레토가 좁은 운하를 통과하여 바다를 가로지르게 되면서 속도를 올렸다. 잠시 후 멀어져 가는 베네치아 본섬의 풍경이 한눈에 들어왔다. 반대편 바다 건너 아주 멀리에는 눈 때문에 하얀색을 띤 알프스 산맥이 병풍처럼 길게 둘러쳐져 있었다. 기념사진을 찍으며 한참 동안 풍경을 감상하면서도 틈틈이 일정 체크 시간을 가졌다.

아이들과 와이프는 유람선처럼 느껴지는 바토레토에서 들떠 있는 마음으로 베네치아에 대한 대화를 나누었다. 그 동안 배 시간과 스케줄, 그리고 선착장을 알아보느라 계속해서 지도와 안내도를 뒤적이고 있었다. 사전에 나름대로 베네치아의 교통정보에 대하여 알아보기는 했지만 좀처럼 파악하기 어려웠는데, 젊은 한국 여행자들에게 물어보고 나서 좀 더 수월하게 여러 정보를 확인할 수 있었다.

무라노섬

무라노섬은 생각보다 가깝기 때문에 15분 정도 소요되었다. 무라노섬의 주된 방문 목적은 실제 유리공예품을 만드는 제작과정을 관람하기 위해서이다. 우선 운하 옆의 유리공예 숍들을 구경하면서 운하를 따라서 한참 동안 걸었다. 무라노섬을 절반쯤 돌아보다가 유리공예를 시연하는 공장을 찾을 수 있었다. 예전에는 유리공예 상가 안쪽에서 제작과정을 보여주고 상품도 샀는데 그 당시 관광객의 수는 매우 적었다. 그런데 지금은 유리공예를 관람하고 팁을 내도록 유도하는 모습이다. 이것은 21년 전의 모습과 전혀 다르게 비쳐진다. 아이들은 잔뜩 호기심을 드러내면서 구경을 하고 기념사진도 찍는

무라노섬 유리세공공장 가는 길

유리세공공장

무라노섬에서 본 본섬

유리세공품

다. 이제는 사진을 찍을 때 다양하고 멋진 포즈를 잘도 잡는다. 여행이 많이 익숙해지고, 다른 문화에 대한 적응이 빨라진 모습을 보면서 아이들이 환경에 적응하는 변화를 알 수 있다. 운하를 따라 쭉 늘어서 있는 유리공예 숍을 구경하면서 부라노섬 선착장 방향으로 걸었다. 어느 정도 시간이 지나니 생리현상 때문에 화장실을 찾아야 하는 문제가 발생했다. 이 문제를 해결하기 위해 조그만 피자가

게에 들렀다. 이 피자가게에서 피자, 핫도그, 음료수 등을 포장 주문
했고 선착장으로 이동하여 12번 바포레토에 승선했다. 배 안에서 피
자 등을 먹었는데 생각보다 맛이 괜찮아서 아이들도 잘 먹었다. 이
것이 점심식사가 될 줄은 몰랐다. 사실 부족한 식사였지만 인스부르
크에서 샀던 과일이며 충분한 간식을 가방에 넣고 다녔기 때문에 여
행 중 배가 출출할 일은 없었다.

부라노섬

TIPS!!

밝은 색으로 집의 외벽을 칠하는 부라노 사람들의 풍습은 이 지역 고기잡이 배들이 알록달록한 색채 배합으로 배를 칠하면서 유래했다고 한다. 근래에는 집 주인이 자기 집에 색을 칠하려 할 때 정부에 신고를 하면 담당 기관에서 그 집에 속한 부지에 허락된 몇 가지 색을 알려주어 그 중 마음에 드는 색을 골라 집을 칠해야 한다.

따라서 부라노섬의 집들은 파랑, 분홍, 보라, 노랑색 등으로 칠해져서 화사하고 밝은 분위기를 연출한다. 이렇게 다채로운 색이 공존하는 부라노섬의 집들은 대부분 규모가 작기 때문에 섬 전체가 귀엽고 친근한 느낌을 준다.

부라노섬 주민들은 전통적으로 어업을 해 왔고, 16세기부터 시작된 수공예 레이스도 유명하여 거리에 많은 판매숍들이 늘어서 있다.

최근 아이유의 뮤직비디오 배경으로 나온 부라노섬은 한국인들에게 빼놓을 수 없는 관광지로 유명해졌다고 한다. 시간소요에 대한 약간의 부담은 있지만 무라노섬에서 연결편인 13번 바포레토가 대기시간 없이 바로 있었으므로 바포레토에 곧바로 올라탔다. 부라노섬은 무라노섬에서 50분 정도 소요된 것 같다. 피사의 사탑처럼 기울어진 부라노섬의 종탑이 관광객들에게 많이 알려지면서 유명해지기 시작했다는데 그 종탑은 섬에 가까워질수록 선명히 보이기 시작했다. 기울어진 종탑은 섬의 지반이 약해서 일어나는 현상이라고 한

부라노섬 마을

빨랫줄의 빨래

다. 사실 베네치아는 가라앉고 있는 섬이라 당국에서는 이를 보전하기 위해 대책을 세워 뭔가를 열심히 하고 있다고 한다. 부라노섬에 도착하니 한국인들을 위한 관광지가 아닌가 싶을 정도로 한국인들이 정말 많았다.

부라노섬 선착장을 빠져나와 섬 내부로 들어서면 숍마다 레이스로 만든 관광 상품들이 전시되어 있다. 운하를 따라 계속해서 걸으면 형형색색으로 칠해진 컬러풀한 집들이 눈에 들어왔다. 이국적이면서 독특하게 잘 가꾸어진 거리를 걷는 자체가 즐거움이었다. 어떤 집은 빨랫줄에 빨래를 걸어 놓았는데 그런 점들도 포인트를 곁들인 것처럼 구경거리가 된다. 창문과 대문도 깔끔하게 컬러 페인트로 칠을 해 놓았다. 창틀에는 꽃이 핀 화분을 올려놓은 집들이 많은데 아이들은 사진을 찍는 배경으로 매우 좋아한다. 운하가 교차하는 곳에는 긴 다리가 있다. 이 다리는 종탑을 배경으로 기념사진을 찍는 포토존으로 최적의 장소에 위치해 있다.

부라노섬 투어는 정확히 1시간으로 압축해 놓았기 때문에 바포레토 출발 시각 10분을 남겨놓고 선착장으로 향했다. 날씨가 따뜻하고 시간적으로 제약을 받지 않는다면 한나절 정도 둘러보며, 커피를 즐기는 여유를 가져야 할 코스로 정말 좋을 것 같았지만 아쉬움을 뒤로 하고 떠나야했다.

베네치아 본섬

　부라노섬에서 본섬까지는 12번 바포레토를 타고 50분 정도 소요
된 것 같다. 배는 만원이라 할 수 있을 만큼 많은 사람들이 탔기 때
문에 좌석에 앉는 것은 어려웠다. 예린이는 오랫동안 서 있기 힘들
어 하는데, 다행히 어느 한국인 여행객이 자리를 양보해줘서 예린이
는 앉아서 갈 수 있었다. 본섬에 도착하니 산 마르코 광장에 가는
방법에 있어, 15분동안 걸어서 갈지, 아니면 바포레토를 타고 갈지
고민하다가 바포레토 4.1번을 선택했다.

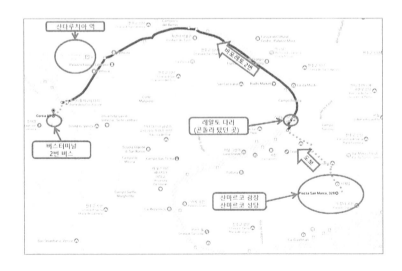

이것은 완전히 잘못된 판단이었다. 본섬을 돌아서 가는데 30분 넘게 걸렸고 이렇게 배 안에서 시간을 많이 소비하게 되었으므로 산 마르코 선착장에 도착했을 때는 벌써 5시가 다 되었다. 엠마누엘 2세(Victor Emmanuel II) 기념비에서 기념사진을 찍고 서둘러 산 마르코 광장으로 향했다. 21년 전의 산 마르코 대성당을 보았을 때는 규모가 엄청나게 크고 화려했으며 광장이 넓어 보였는데, 지금은 그때와는 다르게 느껴졌다. 그 이유는 잘 모르겠다. 다만 차분히 되짚어 보니 그때는 세상의 견문을 많이 접해 보지 못했던 젊은 나이라 그랬을 것 같다는 생각이 들었다.

어제까지 베네치아는 가면축제 기간이었다고 한다. 그래서 광장에는 큰 무대가 설치되어 있었는데 철거를 시작하고 있었다. 때문에 광장의 절반 크기 정도는 공사하는 장소가 되었다. 베네치아 가면축제 일정을 미리 알고 있었기 때문에 여행일정을 하루 정도 당겨보려고 했지만 빡빡한 세부일정으로 인해 변경이 불가능했다. 그러나 아이들은 처음 보는 산 마르코 성당이 나름 구경할 만했던지 많은 관심을 가졌다. 하지만 예린이는 조금만 걸어도 다리가 아프고, 배고픈 것을 참을 수 없었던지 자꾸 쉬고 싶다고 한다. 핵심 포토존이 될 만한 몇몇 장소에서 기념사진을 찍고 성당 옆에 위치한 레스토랑으로 들어갔다.

파리에서는 음식이 입에 맞지 않아 레스토랑에 가는 것을 꺼려했었지만, 이탈리아에 왔으니 모처럼 레스토랑에서 제대로 된 음식을 먹어보고 싶었다. 웨이터에게 정확한 메뉴 설명을 부탁하고 추천을 요청했다. 결정한 메뉴는 해물스파게티, 해물피자, 생선튀김이다. 마

바포레토에서 바라본 본섬

바포레토 선착장 옆 곤돌라

엠마누엘 2세 기념 동상

산 마르코 광장의 종탑

산 마르코 대성당

1995년 산 마르코 대성당

실 물이 없어 물을 달라고 했더니 생수 2병을 제공해 주었다. 그리고 계산할 때 생수 비용을 별도로 포함시켰다. 어쨌든 피자와 스파게티를 린과 예린이 맛있게 잘 먹었으니 그것으로 충분했다. 손뼉을 치며 좋아하는 예린의 모습을 보면 대체적으로 만족스러운 식사였음을 알 수 있다.

식사시간이 조금 길어졌던 것 같다. 저녁 6시 반 정도밖에 되지 않았는데 레스토랑을 나왔을 때는 이미 어두워졌다. 베네치아에 왔으므로 곤돌라를 꼭 타기로 아이들과 약속했는데, 어두운 저녁에도 곤돌라 영업을 계속하고 있는지 알 수가 없었다. 레스토랑 아저씨가 가르쳐 준 대로 레알토 다리 근처에서 곤돌라를 타는 게 좋을 듯싶어 베네치아의 골목을 구경하면서 걸었다. 밤이 되면서 관광객들이 많이 줄었다. 골목길에서 호객행위를 하는 아랍게 사람을 만나면 조금 불안해지기도 했다.

지도를 보며 레알토 다리 근처까지 찾아갔다. 곤돌라 선착장이 길게 늘어서 있는데, 곤돌라에 포장을 씌우고 있는 걸로 보아 영업이 끝난 것 같았다. 곤돌라를 정리하는 아저씨에게 탈 수 있는지 여부를 물어보았더니, 아니나 다를까 끝났다고 한다. 시간 관리를 잘못하여 와이프와 아이들에게 호된 질책을 받게 되었다.

곤돌라를 먼저 탔어야 했는데, 식사를 먼저 했기 때문에 발생한 이 비극적인 상황을 타개해 보려고 레알토 다리 주변을 배회했다. 아직 포장을 씌우지 않은 곤돌라가 있어, 탑승 가능여부를 물어보니 가능하다고 한다. 비용은 10유로였다. 아이들이 환호성을 질렀다. 덕분에 위기를 모면했으나 곤돌라를 타면서 질책은 또 이어졌다. 밤에 타는 곤돌라는 너무 어두워져서 흥이 나질 않는다는 것이었다. 이렇게 곤란을 겪고 있는 상황을 곤돌라 아저씨에게 전달했다. 그는 잠시만 기다려 달라고 하더니 휘파람으로 노래를 불러주었다. 그리고 아저씨가 운하를 휘젓고 다니면서 영어로 설명해 주는데, 아이들에게 아저씨가 설명하는 내용이 무엇인지 전달하느라 곤돌라를 타는 내내 귀를 쫑긋 세워야 했다. 그는 카사노바 집을 안내해 주면서 카사노바의 감옥 탈출에 대한 이야기를 해 주었다. 아저씨에게 카사노바를 닮았다고 하니, 아저씨는 나에게 동양의 카사노바임에 틀림없다고 한다. 가족들은 이 말을 듣고는 다들 비웃으며 "헐~"이라고 한다. 카사노바는 너무 유명한 바람둥이라서 감옥에 투옥되었다고 한다. 특별히 잘못한 것이 없었지만 베네치아에서 하녀, 일반여인, 귀족여인 등 가리지 않고 여자와 잤는데 귀족 여인의 남편이 재판 없이 감옥에 가두었다는 설이 있다. 카사노바는 감옥에서 탈출을 하게 되는데 벽에는 이러한 문구를 적고 탈출했다고 한다. '너희들이 재판 없이 날 가두었으니 나도 통보 없이 나간다.' 카사노바가 이 감옥을 유명하게 만든 것이다.

곧이어 '탄식의 다리'라 이름 붙여진 다리를 지나고 있다는 설명이 이어졌다. 죄수가 감옥으로 끌려갈 때 울며 탄식하면서 지나갔기에 이런 이름이 붙여졌다고 한다.

아이들에게는 곤돌라를 타봤다는 것이 매우 중요한 타이틀인 것 같다. 기분이 많이 좋아졌는지 이후에 1시간가량을 걸어다니며 베네치아 이곳저곳을 둘러보는데도 그다지 힘들어하지 않고 곤돌라 이야기가 오랫동안 화두로 이어졌다.

이제 오늘의 일정을 마치고 숙소로 들어가기 위해 레알토 다리 근처의 선착장에서 2번 바포레토를 타고 버스터미널로 향해 갔다. 밤 9시가 되었는데 베네치아의 관광객들이 모두 버스터미널로 모여드는 것처럼 느껴질 정도로 인파가 상당했다. 우리가 타야 하는 2번 버스에 탔을 때 만원버스 안에서 아이들은 좌석을 확보하여 편하게 메스테레역으로 갈 수 있었다. 숙소인 몬테네피아 호텔에 도착하니 베네치아 당일치기 여행이 끝났다. 아이들에게 탄산수로 라면을 끓여 야식으로 주었다. 우리 부부는 오징어를 안주삼아 오스트리아에서 잔뜩 사온 캔 맥주를 마시며 오늘 있었던 일에 대한 대화로 하루의 피로를 풀어본다. 아이들에게 이때는 그날의 여행 보고서를 써야하는 시간이 된다.

TIPS!!

- **산 마르코 대성당(Basilica San Marco)**
산 마르코 대성당은 이집트의 알렉산드리아에서 가져온 성 마르코 유골의 납골당으로 세워진 성당이다. 그 후 성 마르코는 베네치아 공화국의 수호성인이 되었다. 11세기 말에 현재의 산 마르코 성당이 재건되었는데 비잔틴 건축의 대표적인 양식으로 유명하다.

- **산 마르코 광장(San Marco Piazza)**
베네치아 정치, 경제, 문화의 중심지로서 열주로 가득한 건물이 광장을 'ㄷ'자로 둘러싸고 있어 광장은 하나의 거대한 홀처럼 보인다. 나폴레옹은 이를 두고 세계에서 가장 아름다운 응접실(홀)이라 불렀다.

- **리알토 다리(Rialto Bridge)**
'베네치아에서는 리알토 다리(Rialto Bridge)를 보아라.'라는 말이 있을 정도로 베네치아를 대표하는 다리이다.
이 다리를 유명하게 만드는 것은 베네치아의 첫 번째 다리라는 사실과 아치 모양의 아름다움, 다리 위에 화려하게 장식된 아케이드 점포들이다. 대운하에서 곤돌라를 타고 보는 모습이 아름답고 계단식 다리 위는 귀금속과 가죽 제품 등을 파는 점포들과 그것을 구경하는 관광객, 다리를 배경으로 사진을 찍는 관광객들로 항상 붐빈다.

LYNN's diary

베네치아

오늘은 베네치아에 가는 날이다!

배들이 다니는 게 막 보였다.

먼저 3번 배를 타고 유리 제작 세계 최고로 유명한 무라노섬으로 갔다. 유리 공예품이 엄청 많았다. 사고 싶었지만 깨질 게 뻔해 안 샀다. 아쉬웠다.

그다음 아이유가 〈하루끝〉 뮤직비디오를 찍어서 유명해진 부라노섬으로 갔다. 가보니 뮤직비디오를 찍을 만했다. 집이 알록달록했다. 빨강, 파랑, 노랑, 초록색이 있었다. 아주 예뻤다. 사람들은 모두 셀카 삼매경이었다.

우린 가족사진을 찍고 독사진도 찍다가 또 배를 타고 로마광장에 가서 산 마르코성을 보고 피자와 스파게티를 먹었더니 밤이 되었다. 곤돌라를 타려고 했는데 늦어서 안된다고 했다. 엄마가 아빠한테 그러니까 곤돌라 먼저 타자니까 하면서 짜증을 냈다. 그러다 아직 문 열고 있는 곳에서 탔다. 곤돌라 타러 왔는데 못 탔으면 억울할 뻔했다.

곤돌라를 탄 후 골목길을 돌아다니다 아빠가 가지고 있는 스위스의 만능칼을 보고선 나랑 엄마가 가지고 싶다고 해서 가족 모두 갔는데 너무 비쌌다. 아쉬웠다. 엄마가 아빠처럼 20년 넘게 가지고 있을 자신 있으면 나중에 사주신다고 했다. 그러고 보니 아빠는 20대에 유럽으로 혼자 여행 오셔서 스위스에서 만능칼을 사고 아직까지 잃어버리지 않고 차에 잘 있다. 대단했다. 그래서 자신 있다고 했다. 사게 되면 책상서랍에 잘 넣어둘 것이다.

PART 10

베로나, 피렌체

9일차 (2016년 2월 11일)

여행 9일째이다. 오늘 방문해야 할 도시는 베로나와 피렌체이다.

아침 8시 출발을 목표로 일찍 일어나 샤워를 했다. 베네치아 숙박에는 조식이 포함되어 있기 때문에 짐을 모두 정리하고서 7시 30분에 식당으로 내려갔다. 주요 메뉴는 갓 구운 크루아상, 비스킷, 우유, 코코아, 커피, 주스 등이다. 배부르게 먹기는 했는데 왠지 허전하다. 린과 예린이가 적당히 잘 먹어서 좋았다.

식사 전에 이미 짐들을 차에 실었기 때문에 체크아웃 후 바로 출발할 수 있었다. 오늘은 맑고 화창해서 좋은 날씨다. 남은 여행기간 중 바다를 볼 기회가 없을 것 같았기 때문에 아쉬운 마음에 베네치아의 버스터미널까지 드라이브하면서 지중해를 보고 베네치아를 떠나기로 했다. 어제도 보았지만 바다의 느낌은 21년 전과 사뭇 다르다. 사실 그때의 좋았던 바다 느낌을 재회할 수 있을지도 모른다는 생각에 베네치아로 한 번 더 향했던 것이지만 좋았던 그 느낌은 없었다.

베로나

이탈리아 북부 베네토(Veneto)주에 위치한 도시인 베로나(Verona)는 로마(Roma), 피렌체(Firenze), 베네치아(Venezia), 밀라노(Milano)에 비해 비교적 익숙하지 않은 이름이다. 하지만 이 도시에서 로미오와 줄리엣의 사랑 이야기가 시작된다. 이탈리아에서 가장 로맨틱한 도시 베로나에 관하여 영원한 사랑을 노래한 그들의 이야기가 있는 곳이다. 도시 곳곳에 로미오와 줄리엣의 이야기가 흐르고 있는 베로나는 이탈리아에서도 가장 로맨틱한 곳이다.

사랑 이야기에 가려져 못 볼 법도 하지만 베로나는 고대와 중세 그리고 르네상스가 공존하는 곳이라고 불릴 만큼 다양한 유적지들이 있다. 그중 단연 으뜸은 1세기부터 자리를 지키고 있는 로마 건축물 아레나(Arena)이다. 유럽에서 세 번째로 큰 원형 경기장인 아레나는 3만 명을 수용할 수 있어 규모도 상당한 편이다. 또한 아름다운 베로나를 한눈에 담을 수 있는 산 삐에트로성(Castel S. Pietro)이 있다.

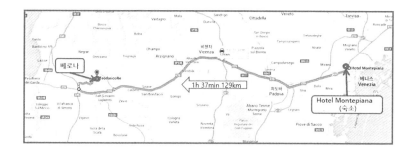

　　베네치아에서 70번 고속도로를 타고 밀라노 방향으로 1시간 30분 정도를 달리면 베로나에 도착한다. 이제부터 이탈리아 고속도로

를 본격적으로 주행하게 되는 것 같다. 고속도로는 잘 정비되어 있고, 최고속도는 보통 130km/h까지 허용된다. 과속카메라를 제외하면 고속도로 주행 시 특별히 조심해야 할 것은 없는 것 같다. 베로나 시내로 들어가게 되면서 걱정스러운 일은 ZTL이다. 이에 대비하여 여행 준비 시 ZTL을 피하기 위해 내비게이션에 ZTL을 피할 수 있는 경로로 주차 장소를 계획하고, 미리 즐겨찾기를 해두었다.

준비를 잘해도 변수가 지속적으로 발생하듯이 문제는 항상 따르기 마련이다. 베로나 주차 구역에 도착해 보니 주차공간이 어느 한 곳도 비어 있지 않았다. 주차하기로 계획했던 장소가 갓길 주차구역이었으므로 주차에 크게 문제가 없을 것으로 생각했지만 빈자리가 없을 것이라고는 전혀 예측하지 못했다. 할 수 없이 주택가로 들어가 한 바퀴를 돌아서 찾은 주차구역이 하얀색 주차라인이다. 주차라인은 하얀색과 파란색이 있다. 일반적으로 파란색이 유료 주차구역이고 하얀색은 파악하지 못한 주차구역이다. 지나가는 이탈리안 미녀가 있어 물어보니 친절히 상세하게 차이점을 설명해 주었다. 요약하자면 파란색 주차라인은 유료이고, 하얀색 주차라인은 1시간만 무료이다. 1시간 이상 주차를 하면 견인해 갈 수 있기 때문에 조심해야 한다고 한다. 그러므로 1시간 내로 주차를 할 것이라면 안심하고 주차를 할 수 있다고 한다. 그리고 주차할 때는 차량 앞 유리창에 붙어있는 원형시계의 바늘을 주차시작시간에 맞춰놓아야 한단다. 이와 같은 설명을 듣고서 주차된 차량들을 둘러보았더니 앞 유리창의 오른쪽 하단에 종이를 코팅해서 만들어진 바늘시계와 같은 것이 모든 차량에 붙어 있었다. 우리 차에도 이와 똑같은 바늘시계가 있었는데 지금껏 나도 몰랐다. 결국 하얀색 주차라인에 주차하는 것으로 결정하고, 대신에 1시간 이내로 베로나 시내를 둘러보기로 했다. 이 결정에 대한 결과는 훌륭했다고 생각한다. 바쁘게 움직였기 때문에 시간을 낭비하지 않았고, 산 피에트로성까지 둘러보면서 피렌체로 향할 수 있었다.

주차문제를 해결했으니 아디제강 다리를 건너 아레나 극장으로 향한다. 베로나의 핵심 포인트는 아레나 고대원형극장, 줄리엣의 집, 단테의 동상이 있는 광장이라고 한다. 겨울이 비수기라는 점 때문에 아레나 극장은 입구가 닫혀 있고, 경기장의 여러 곳이 공사 중이었다. 고대부터 이어져오는 극장이라 대단해 보이기는 하지만 현재 진행되고 있는 보수공사가 없었다면 지금과 같은 보존이 가능했을지 생각해 본다. 아직 콜로세움을 보지 않은 상태인데도 아이들의 반응은 그다지 신통치 않았다. 규모 면에서 많이 커 보이지 않았지만 현대의 대형 경기장과 비슷할 것 같다. 하지만 경기장 주요 부분이 모두 돌로 만들어졌다는 점을 고려해 봤을 때 건축비용을 따져본다면 어마어마할 것 같다.

아디제 강

아레나 극장

베로나의 날씨는 무척 좋았다. 우리나라의 가을하늘만큼이나 하늘이 높고 햇살이 따가웠다. 그래서 사진을 잘 찍기 위해서는 역광을 피해야만 한다. 아레나 극장 방문 시각이 대략 10시쯤인데 벌써부터 관광객들이 모여들기 시작했고 포장마차와 같은 형태의 노점상들도 영업 준비로 분주하게 움직이고 있는 모습이다. 노점상은 주로 브라 광장을 가로질러 길게 늘어서 있는데, 초콜릿 향이 느껴진다. 초콜릿 향기 때문에 군침이 돌았지만 일정을 생각해서 눈요기만 하고 브라 광장에서 기념사진을 찍었다. 그리고 곧바로 줄리엣의 집으로 향했다.

지도로 줄리엣 집을 찾는 데 착오가 있어 현지인에게 물어보니 친절히 가르쳐 주었다. 도착한 줄리엣 집 앞 입구 외벽에는 많은 이들이 남겨 놓은 낙서가 가득했다. 지나간 사랑에 대한 그리움, 다가온 사랑에 대한 감사함, 다가올 사랑에 대한 기대감…. 어떤 내용인지 알 순 없지만 사랑에 관한 낙서라는 것은 확실하다.

입구를 통과해서 줄리엣의 집 앞에 도착하면 수줍은 듯 무뚝뚝한 표정의 동상 하나가 보인다. 바로 줄리엣의 동상이다. 동상의 오른쪽 가슴 주변의 색만 유독 밝은데, 만지면 사랑이 이루어진다는 믿음 때문에 수많은 관광객이 만져준 탓이라고 한다. 별도의 관람료를 지불하면 로미오가 줄리엣에게 구애를 하던 발코니가 있는 2층까지 올라갈 수 있다고 한다. 하지만 올라가 보더라도 발코니 뷰가 특별할 것 같지 않아 줄리엣 가슴을 만지며 사진 찍는 데 시간을 더 할애했다. 오전 시간이라 관광객이 많지 않았지만 곧이어 중국인 단체 관광객이 들어와 줄리엣 동상을 빙 둘러싸며 가이드의 설명을 듣는데 이때부터 일반 관광객은 줄리엣 동상을 만지기 어렵게 되었다.

여하튼 재미있는 사실은 베로나에 있는 줄리엣의 집이 실제로 줄리엣이 살았던 집은 아니라는 것이다. 베로나시 측에서 줄리엣의 집을 조성한 것이라고 한다. 그렇지만 그것이 뭐가 중요하겠는가. 방문객들이 위대한 사랑이야기의 주인공이 된 것처럼 감성에 젖을 수 있으니 그것으로 충분하다. 실제로 존재하지는 않았지만 그들의 사랑이야기는 우리나라의 춘향전처럼 우리 가슴에 여전히 존재하니 말이다. 오전 시간인데도 여행객들이 상당히 많아지는 걸 보면 줄리엣 집의 인기는 대단한 것 같다. 그러나 우리는 기다리는 시간 없이 줄리엣과 함께 여러 포즈를 취하며 기념사진을 찍을 수 있었다. 덕분에 시간의 여유가 있어 줄리엣 기념품 숍에 들어가 린과 예린이 원하는 기념품들을 살 수 있었다.

줄리엣 집을 나와 에르베 광장으로 갔다. 이곳은 로마 시대부터 현재까지 베로나의 중심지라고 한다. 에르베는 약초라는 뜻인데 과거 이곳에서 약초시장이 열렸기 때문에 붙여진 이름이라고 한다. 매일 오전에 시장이 열리는 데 과일과, 음료, 여행자를 위한 간단한 기념품을 판매한다. 조금 더 걸어가면 14세기에 제작했다는 '베로나의 마돈나'상이 있는데, 이것을 배경으로 사진을 찍어야 한다. 광장 한쪽 끝에 높다랗게 서 있는 성 마가의 사자상은 베네치아에 있는 사자상과 똑같이 생겼다. 이것은 과거에 베로나가 베네치아의 지배를 받았음을 증명하는 것이라고 한다. 사자상 뒤로 보이는 건물은 1630년에 건립된 바로크 양식의 마페이궁으로 지붕 위에는 여섯 개의 신들의 동상이 세워져 있는데 왼쪽부터 헤라클레스, 주피터, 비

| 줄리엣의 집 | 베로나의 마돈나 |

베니스의 상징인 날개 달린 사자상

단테 동상

너스, 머큐리, 아폴로, 미네르바라고 한다. 마페이궁 왼쪽에 있는 탑은 1370년에 세워진 베로나에서 가장 오래된 탑이다. 주어진 1시간 동안 베로나 시내를 후다닥 둘러보았으니 이제 주차된 장소로 바쁘게 움직여야 했다. 베로나의 주요 포인트만을 보고 왔지만 가족들은 시간을 알차게 보냈고 재미있었단다. 오페라를 볼 수 있는 것도 아닌데, 오래 있어봤자 오히려 무의미했을 것이라고 말한다.

산 삐에트로성(Castel San Pietro)

피렌체로 출발하기 전 베로나 시내를 가장 잘 볼 수 있다는 산 삐에트로성을 들리기로 했다. 산 삐에트로성은 바쁘게 여행하는 우리에게 잠깐의 휴식을 취하면서 주차에 대한 걱정 없이 여유로운 시간을 가질 수 있으며 베로나를 한눈에 내려다 볼 수 있는 명당자리라는 것을 미리 조사해 놓았다. 짧은 시간으로 산 삐에트로성까지 둘러볼 수 있었던 것은 우리에겐 렌터카가 있었기 때문이다. 내비게이션으로 즐겨찾기를 해놔서 찾아가는데 크게 문제는 없었지만 2번이나 길을 지나쳐 유턴을 해야만 했다.

차로 금방 올라온 삐에트로성은 오전시간이라 사람들이 별로 없어 한산했다. 그렇기 때문에 여유를 즐기면서 바로 눈앞에 보이는 베로나 풍경을 감상하기에는 정말 좋았다. 화장실이 급해서 레스토랑으로 들어가 점심식사를 해결할 생각도 했는데, 문은 열었지만 영업을 시작하지 않아 볼일만 보고 나왔다. 급한 볼일을 보고 나니 마음이 여유로워졌다. 앞으로 탁 트인 도시를 바라보면서 데이트하기에 안성맞춤이라고 생각하고 있는데, 역시나 끌어안고서 진한 키스를 하며 데이트를 즐기는 여러 명의 연인들이 있었다. 젊은 시절이

산 삐에트로성에서 바라본 베로나 시내

그리울 만큼 달콤하게 데이트를 즐긴다. 그런데 우리 아이들은 멋쩍어한다. "엄마, 아빠도 한번 해 볼까?"라는 농담을 하면서 아이들이 그런 모습을 자연스럽게 여길 수 있도록 조심스럽게 문화적 차이를 설명해 주었다. 어떤 연인은 사진을 찍고 있는 우리 가족을 부러운 눈빛으로 보더니 말을 걸어왔다. 어디에서 왔느냐, 아이들이 귀엽다 등등. 그러더니 가족사진을 찍어 주겠다며 사신이 잘 나올 수 있는 포인트에 자리를 잡게 한 후 포즈를 잡으라 하고는 사진을 찍고 확인까지 시켜주었다. 현지인이라 사진이 잘 나오는 구도를 알고서 친절을 베푸는 것 같았다. 그리고 헤어지면서 "차오, 차오."라고 한다. 와이프는 이 말이 중국인이라는 뜻인 줄 알았다고 한다. 그래서 나도 그런 줄 알았다. 그런데 린이 차오라는 말을 책에서 보았다고 한다. 차오(Ciao)는 만나거나 헤어질 때의 인사말이라는 것이다. 그러고 보니, 우리가 이탈리아어 공부를 너무 소홀히 하고 왔다는 생각을 하게 되었고 반성도 하게 된다. 린 덕분에 다음부터는 이탈리안을 만나거나 헤어질 때면 "차오, 차오." 하며 인사를 할 줄 알게 되었다.

이곳에서 피렌체까지 가려면 3시간 가까이 시간이 필요하다. 그래서 빠른 점심식사를 이곳에서 해결하기로 했다. 벤치에 앉아 빵을 먹는 것은 피크닉 온 분위기를 만들었다. 차 안에는 인스부르크의 마트에서 사놓은 빵과 우유, 주스 등의 부식들이 가득했다. 식사를 마치고 이제 피렌체로 출발한다.

뻬에트로성을 내려올 때의 길은 정말 엄청났다. 우리차가 겨우 빠져 나갈 수 있는 골목길을 내려와야만 했다. 경사는 굉장히 급하고 차는 벽에 닿을 듯 했다. 만일 앞에서 교행하는 차가 나타난다면 정말 난감했을 것 같았는데 골목을 빠져 나갈 때까지 다행히 마주치는 차가 없었다. 골목길에서는 운전에 집중하느라 별 신경을 쓰지 않았는데, 그 골목은 정말 오래된 골목이었던 것 같다. 보수가 제대로 이루어지지 않은 중세시대의 느낌을 실제로 느낄 수 있었다. 고속도로에 진입하기 전에 연료를 채워야 하므로 주유소에 들렀다. 이제는 주유하는 일이 서투르지 않고 익숙하다. 그러나 연료가 디젤인지 가솔린인지 색과 글자를 몇 번이고 확인하고 주유를 함으로써 안전에 항상 주의를 기울였다.

베로나에서 피렌체로

베로나에서 볼로냐까지 가는 길은 평야지대이다. 운전하는 중에는 이탈리아 평야를 오랫동안 마음껏 구경할 수 있었다. 우리나라에서 보기 힘든 지평선이 보이는 들판이 정말 신기하게도 계속해서 이어져 볼로냐 지방 근처까지 이어진다. 들판의 색은 초록빛이었다. 농사의 종류가 무엇인지는 모르겠지만 밀이라는 생각이 들었고, 2월의 날씨에 새싹이 이미 돋아나 있는 들녘을 볼 수 있어 흥미로웠다. 또 어느 곳에 이르니 포도농장이 끝없이 이어져 있다. 이렇게 넓게 펼쳐진 포도농장은 처음이다. 돌로미테에서 베네치아로 오면서 보았던 포도 농장이 산비

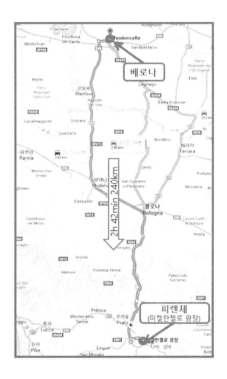

탈에 형성된 반면, 이곳은 평야의 포도농장이라 풍경이 달라 보였다.

볼로냐를 지나면서부터 산이 보이기 시작했다. 산은 우리나라의 산과 비슷하기도 했지만 우리나라의 산은 가까이 보이는데 이탈리아 산은 비교적 멀리 보인다. 다시 말하자면 우리나라는 산들이 첩첩이 조밀하게 이어지는데, 이탈리아는 산들의 거리가 멀어 여유롭게 보인다. 그래서 산의 경사가 급하지 않았고, 산 중턱과 정상에는 작은 성과 같은 집들이 곳곳에 있었다. 피렌체 도착예정 시간이 오후 3시를 넘을 것 같아서 휴게소에 한 번도 들르지 않고 곧바로 피렌체까지 달렸다. 운전하고 있는 동안 린, 예린, 와이프 모두가 잠이 들어 특별히 휴게소에 들릴 필요 없이 내비게이션의 길안내에 따라 미켈란젤로 광장까지 조용하게 운전할 수 있었다.

미켈란젤로 광장

21년 전 피렌체는 매우 강렬한 인상을 주었기 때문에 거의 모든 기억이 살아 있다. 미켈란젤로 광장은 그때나 지금이나 똑같다. 광장의 주차장은 무료라고 알고 있었는데, 유료와 무료주차장이 구분되어 있는 것 같았다. 무료주차 후 필요한 물건들만 백팩에 준비했다. 아이들이 소변이 급하다고 해서 공중화장실부터 찾았다. 예린이가 오래도록 화장실에서 나오지 않아 물어보니 큰일을 보느라 그랬다고 한다. 1인에 1유로인 유료화장실이라 4명에 대하여 4유로를 지불하니 아깝기는 했지만, 화장실 관리인으로부터 고급 정보를 얻어냈다. 예린이를 기다리는 동안 관리인 아저씨와 소소로운 대화를 하면서 피렌체 여행의 경로에 대한 설명을 부탁했다. 미켈란젤로 광장에서 두오모를 갈 때는 걸어서 가면 좋지만 올 때는 힘들고 시간이 많이 소요될 것 같으니 중앙역 근처에서 12번 버스를 타면 이곳 미켈란젤로 광장으로 20분 만에 돌아올 수 있다고 한다. 피로를 덜어줄 소중한 정보였다.

미켈란젤로 광장의 포토존은 다비드상과 피렌체 시내와 두오모를 바라보는 전망이다. 21년 전의 다비드상은 백색이었던 것 같은데 지

피렌체를 두른 성벽

미켈란젤로 광장에서 본 피렌체 풍경

포세이돈   다비드상

금의 다비드상은 초록색으로 바뀐 것 같다. 어쨌든 이 다비드상은 가짜이고 진품은 아카데미아 미술관에 있다고 하는데 진품을 봐도 별 차이는 없을 것 같다. 미켈란젤로 광장에서는 피렌체 시내가 한눈에 들어온다. 사진을 보면 알 수 있겠지만 탁 트인 하늘과 두오모의 쿠폴라, 조토의 종탑을 중심으로 빨간 지붕들로 빼곡한 피렌체의 풍경이 아름답다.

미켈란젤로 광장에서 30분 넘게 머물러 있었기 때문에 서둘러야 할 것 같다. 조금만 내려오면 아르노 강변이 나온다. 물이 흙탕물로 탁했지만 수량이 많았다. 생각해 보니 이곳의 2월은 우기라고 한다. 유명하다는 피렌체 베키오 다리는 아르노강 위의 다리 중에서 가장 오래된 것으로 1345년에 건설되었고 로마 시대의 마지막 다리라고 한다. 피렌체 베키오 다리 위의 상점들은 대부분 금세공품을 진열하고 판매한다.

피렌체 두오모

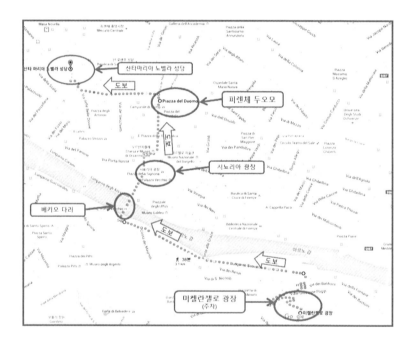

    드디어 피렌체 두오모 광장에 이르렀다. 아이들과 와이프의 탄성이 쏟아졌다. 밀라노 두오모를 봤을 때는 '이보다 더한 아름다운 건축물이 세상에 어디 있을까?'라며 감탄하더니 피렌체 두오모에 대해서는 또 다른 경외감이 느껴진다고 한다. 두 건축물이 모두 대단하

기는 하지만 디자인 성격은 확연히 다르다. 디테일한 묘사로 표현하기 어렵지만 와이프의 말을 정리하면 이렇다.

- **밀라노 두오모**: *색감이 하얀 대리석이므로 눈에 밝게 띠는 뾰족한 석상이 강렬하고 남성적이면서 차가움이 느껴지는 것 같다. 화려하고 디테일한 조각들이 연속해서 이어져 있으니 더 고급스러워 보이고 한마디로 표현하면 '차도남(차가운 도시의 남자)' 같다.*

- **피렌체 두오모**: *지붕 색상이 황토색으로 되어 있고 외벽은 흰색을 중심으로 해서 빨간색, 초록색 등의 색상을 가진 대리석으로 훌륭하게 장식되어 있는데, 조금은 없어 보일 수도 있지만 디테일하게 표현된 섬세함과 정교함이 있고, 지붕의 기와는 포근함을 느끼게 해 준다. 한마디로 표현하면 '부드럽고 온화한 엄마 품'과 같다.*

시계를 보니 오후 4시가 훌쩍 지났다. 자칫하면 두오모 쿠폴라를 오르지 못할 수도 있기 때문에 서둘렀다. 두오모에 도착하여 티켓 구매 장소를 찾지 못해 여러 사람에게 물어봐가면서 걷다 보니 두오모를 한 바퀴 삥 돌아 결국 제자리로 왔다. 다시 누군가에게 길안내를 부탁하여 마침내 두오모 통합권을 60유로(1인당 15유로)에 구매할 수 있었다. 이곳에도 군인들이 테러에 대비하여 장갑차 옆에서 경비를 삼엄하게 하고 있었다. 몸수색을 철저히 당하고 난 후에야 입장할 수 있었다. 검열을 통과했으니 두오모 내부로 들어가 쿠폴라에 올라가기 위해 터널 같은 계단을 오르기 시작한다. 중간쯤 오르면 두오모 돔 천장과 성당 내부를 볼 수 있는 내부난간을 지나게 된

성당 안 계단에서 바라본 성당 내부

두오모 전면

두오모 천정 그림

쿠폴라에 오르는 계단. 많은 통행으로 계단이
닳아서 가운데가 파인 것을 볼 수 있다.

다. 성당은 역시 화려했지만 우
리 가족의 시선을 끄는 것은 천
장 돔의 그림이다. 돔의 가장 위
쪽은 천당, 중간위치는 인간세
계, 맨 아래쪽은 지옥의 세계인
것 같다. 인간세계의 그림을 보
면, 착한 일을 행한 사람은 천사
가 천국으로 데려가는 모습을
묘사했고, 악한 일을 행한 사람

은 악마에게 이끌려 지옥으로 가는 모습을 묘사하고 있다. 천장의 그림을 보는 것으로 아이들에게 훌륭한 교육이 되었다. 아이들에게 계단 오르는 일은 힘들기는커녕 오히려 흥미가 느껴지나 보다. 힘든 기색 없이 빠르게 오르는 에너지는 어디에서 나오는지 모르겠다. 더욱이 계단의 개수를 세어가며 그 숫자가 정말로 412계단이 맞는지 확인까지 하는 여유를 부리며 순식간에 정상에 올라갔다. 제일 먼저 도착한 사람은 린, 예린이고, 다음은 와이프였다. 마지막으로 나도 정상에 오르자 정말 아름다운 풍경이 펼쳐졌다.

21년 전 피렌체 방문 때는 두오모 입장료가 너무 비싼 것 같아서 오르지 못했는데 이번에는 가족 모두를 데리고 쿠폴라에 오르니 아릿한 감동에 젖는다. 풍경이 아름다운 피렌체를 보는 것도 좋았지만, 즐거워하는 가족들의 모습이 더 좋고, 이 순간의 분위기를 함께 보고 느끼고 즐기며 감상하는 이런 모습이 더 감미롭다.

한참 동안 사진을 찍고, 예린은 좋아하는 동영상을 촬영하느라 시간가는 줄 몰랐다. 해가 지평선을 향해 떨어지고 있는 걸 보고 나서, 조토의 종탑도 오르기 위해서는 서둘러 쿠폴라에서 내려가야 할 것 같았다. 아이들에게 곧 해가 질 것 같다는 상황을 설명해 주었더니 움직임이 매우 빨라졌다. 성수기에는 종탑 전망대나 두오모 쿠폴라 입장 시 30분에서 1시간 이상 줄을 서서 기다려야 한다고 하는데, 지금은 비수기인데다가 늦은 시간이라 많이 기다리지 않고 곧바로 종탑에 오르는 계단으로 입장이 가능했다. 아이들 체력이 은근히 걱정되었지만 414계단이라고 하는 조토의 종탑도 무리 없이 빠르게 올라갔다. 아직 해가 남아 있어 종탑에서 피렌체 시내전경을

조토의 종탑에서 본 두오모 쿠폴라 · · · · · · · · · · 조토의 종탑

조토의 종탑에서 본 전경(멀리 베키오 궁전이 보인다)

전망하는 것이 가능했다. 오히려 쿠폴라에서 보는 것보다 종탑에서 보는 풍경이 더 시원하게 느껴졌고, 두오모의 돔을 거의 눈높이에서 바라보게 되니 더욱 대단하고 아름답게 보였다. 조금씩 노을이 서쪽 하늘을 물들일 때, 두오모를 비추는 조명이 켜지고 피렌체 시내의 가로등이 여기저기서 빠르게 켜져 간다. 운이 좋게도 저녁 하늘의 아름다운 피렌체 석양도 종탑 위에서 볼 수 있었다. 가족 모두 종탑에서 내려가기 싫다고 하는 것을 너무 어두워지는 것이 조심스러워 잘 설득하여 종탑에서 내려왔다.

지상에 내려오니 피렌체의 밤은 어두워져 점점 깊어 가고 있었다. 피렌체 두오모를 배경으로 마지막 기념사진을 찍고 중앙역으로 향했다. 가는 중간에 산타마리아 노벨라 성당이 유명하다고 해서 잠깐 들르기로 하고 성당 안으로 들어갔다. 성당에는 교회처럼 장의자가 잘 배열되어 있었다. 의자에 앉아 잠깐 동안 쉬다가 아이들과 함께 기도를 했다. 이 성당이 유명하다고는 하지만 특별하게 느껴지는 것은 없었다. 성당을 나와 USB 케이블을 파는 흑인 노점 상인들에게 갔다. 아침에 문제가 있었던 USB 케이블 2개를 새로 구매했고, 12번 버스 정류장의 위치와 티켓 구입방법을 그들로부터 알아냈다.

또한 버스정류장으로 걸어가는데 가족 모두가 좋아하는 맥도널드가 눈에 들어왔다. 화장실도 가고 저녁식사를 위한 햄버거를 포장 주문하니, 뭔가 계획을 세우지 않았음에도 순리대로 시간 낭비 없이 좋은 일정이 만들어지는 것 같다. 오늘 숙소는 루카에 있으므로 지금부터는 최대한 자투리 시간을 아껴야 숙소에 가능한 빨리 들어갈 수 있다.

피렌체 중앙역에서 미켈란젤로 광장까지 12번 버스로 20분 만에 편하게 갈 수 있어 다행이다. 1.2유로짜리 티켓을 4장을 구입하여 12번 버스를 타면서 운전기사에게 미켈란젤로 광장으로 가는지 다시 한 번 확인한 후에 승차했다. 빈 좌석에 앉아 가는 중에 한국인 대학생들도 버스 안에 있는 것을 보고, 제대로 가고 있다는 생각에 안심이 되었다. 그들은 미켈란젤로 광장의 야경을 보기 위해 가는 중이라고 한다. 계획해 놓은 반나절 피렌체 스케줄에는 야경이 포함되어 있지 않았었는데, 밤에 미켈란젤로 광장에 가게 되었으니 야경도 구경할 수 있었다. 하지만 조금씩 조급한 마음에 불안감이 증폭되는 긴장의 시간이 시작되었다. 이탈리아 도둑들은 주차되어 있는

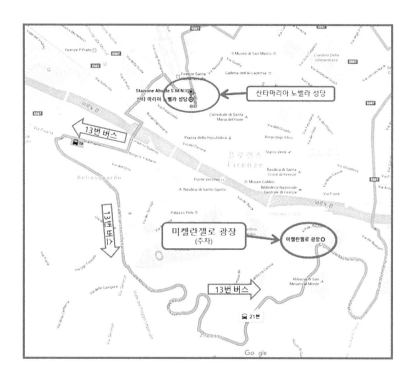

차 안의 물건도 털어간다는 글을 어디선가 본 적이 있기 때문이다. 어두운 밤이다 보니 '차가 잘 있을까? 털리지는 않았을까?' 하는 불안이 엄습했다. 와이프에게는 일부러 말하지 않고 미켈란젤로 광장에 도착할 때까지 혼자서 끙끙댔다. 미켈란젤로 광장에 도착하여 주차된 렌터카 내부를 들여다보고 한숨을 돌렸다. 가슴을 쓸어내리며 와이프에게 혼자서 가슴앓이 한 이야기를 했더니 왜 그런 걸 이제 말을 하냐며 한숨을 내쉬었다.

렌터카의 무사안녕을 확인했으니, 덤으로 피렌체 야경을 감상하기 위해 전망대로 향했다. 아이들도 피렌체의 야경이 아름답다며 한참 동안 시내를 바라보았다. 언제 또 올지 알 수 없는 이곳으로 다음번에는 아들 린이가 엄마, 아빠를 데리고 오기로 약속했다. 낮에는 패키지로 관광하는 많은 한국인이 있었지만 밤에는 대부분 외국인이다. 야간에는 배낭여행을 하는 한국인도 많다. 젊은이들이 추억 만들기에 좋은 분위기가 연출되는 곳이다.

피렌체에서 루카로

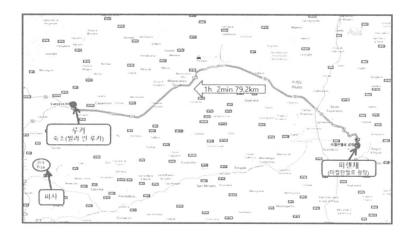

미켈란젤로 광장의 야경을 감상하는 것을 마지막으로 피렌체를 떠나야 할 시간이 되었다. 시간은 밤 8시가 넘어가고 있었다. 이제 루카에 있는 숙소로 가야 한다.

내비게이션에 즐겨찾기해 놓은 숙소 위치를 설정했더니 1시간 정도의 예상시간이 나온다. 피사 근처 도시인 루카로 숙소를 정한 이유는 야간에 이동하게 되면, 낮을 최대로 활용할 수 있는 시간이 확보되기 때문이다. 4차선 고속화도로를 타고 1시간 만에 루카의 숙소 근처에 도착했다. 위치는 분명히 맞는 것 같은데 숙소를 찾을 수 없었다. 숙소 간판이 없었기 때문에 부킹닷컴에서 본 빌라의 외관을 보고 숙소를 확인했다. 그러나 문이 잠겨 있었다. 이때가 밤 9시였다.

예약확인서를 꺼내서 숙소에 전화를 걸었다. 숙소 주인이 전화를 받았는데 뭐라고 하는지 도저히 알아들을 수 없었다. 마침 빌라 앞의 토스트 가게가 영업 중이라 영어를 할 줄 아냐고 물어보니 그렇다고 한다. 자초지종을 이야기하며 숙소 주인과 통화를 부탁했다. 그는 한참 동안 통화를 하고 난 후 설명을 시작했다.

지금은 주인이 빌라에 올 수 없기 때문에 현관문을 열고서 들어가도록 하고 프런트에 가보면 메모가 남겨져 있다고 한다. 그리고 통화할 때 적은 현관 비밀번호를 건네받았다. 주변에 사람도 없고 다른 가게도 없는데 토스트 가게 주인마저 없었다면 정말 암울할 뻔했다.

비밀번호를 열고 현관에 들어가니 석유 냄새가 진하게 풍겼다. 분위기도 약간 음침한데다 냄새도 좋지 않으니 으슥한 느낌 때문에 신경이 곤두섰다. 프런트에는 열쇠와 메모지가 남겨져 있었다. 우리를 위해 남겨놓은 메모였다. '당신을 환영한다. 기다리지 못하고 퇴근해서 미안하다. 방 키는 여기에 있고…' 대충 이런 내용이었다. 2층에 있는 방이라 필요한 짐만 들고 올라갔다.

긴장을 풀고 하루를 돌이켜 보니 모험처럼 짜인 일정을 소화한 느낌이 들었다.

LYNN's diary

피렌체 두오모

오늘 피렌체 두오모에 오르러 피렌체로 갔다.
걸어서 갔다. 1시간 조금 넘게 걸으니 도착했다. 그래서 표를 아빠가 사오시고
올라갔다. 별로 안 힘들었다. 근데 사람이 너무 많아서 마지막 계단에 줄을 서
서 계단을 올라갔다. 모두 412계단이라고 한다.

피렌체 조토 종탑

두오모에 갔다가 종탑으로 갔다. 두오모보다 사람이 없었다. 하지만 신기하게도
더 힘들었다. 그리고 두오모보다 낮은데 계단이 414계단으로 2개 더 많았다.
좀 올라가니 두오모의 지붕이 다 보였다. 아주 멋있었다. 그리고 더 올라가 바닥
에 조그만 구멍이 뿅뿅 뚫린 하수구 같은 곳에서 뛰며 놀아서 부모님한테 그러다
가 죽을 수도 있다고 혼났다. 그리고 꼭대기에 도착해서 사진을 찍어댔다.
내려갔더니 깜깜해졌다. 그래서 저녁을 먹으러 맥도날드에 갔다. 맥도날드에서
닭고기와 치즈와 베이컨이 있는 햄버거랑 콜라랑 빅맥이랑 감자튀김을 샀다.
계속 햄버거랑 먹으니까 아주 느끼했다. 저녁을 다 먹고 숙소로 차를 타고 갔다.
늦게 가서 못 들어갈 뻔했다.

PART 11

루카, 피사, 산 지미냐뇨, 시에나, 치비타

10일차 (2016년 2월 12일)

루카

　새벽에 비바람 소리가 요란해서 잠을 깼다. 창밖으로 폭우가 내리는 것을 확인할 수 있었다. 나중에 알게 된 사실이지만 이곳 이탈리아는 겨울이 우기라고 한다. 그러나 비가 내릴 때는 소나기처럼 한두 시간 내리다가 금방 그친다고 한다. 우리나라에서는 한번 내리면 하루 종일 혹은 한나절씩 비가 오는 것과는 많이 다르다.

　이런 사실을 모르는 상태였기 때문에 오늘 일정이 비 때문에 제대로 진행될 수 없을 것 같아 걱정을 많이 했다. 하지만 비가 오더라도 일정은 정상적으로 진행해야만 한다. 한국에서 준비해온 식량이 자꾸만 소진되면서 캐리어에 한결 여유가 생기고 있다. 우리 입맛에 잘 맞는 라면과 누룽지, 남은 반찬, 과일 등으로 아침식사를 하고 짐을 정리했다. 혼자서 몇 번이고 2층 계단을 오르내리며 짐을 나르다 큰 사고를 당할 뻔했다. 빗물에 젖은 계단을 급하게 내려가다가 미끄러져 뒤로 넘어진 것이다. 벌렁 넘어지는 걸 팔꿈치 아래쪽을 계단에 디디며 막을 수 있었으나 팔이 무척 아팠다. 순간 팔이 부러졌을지도 모를 것 같다는 생각이 들었다. 여러 방향으로 팔을 움직이며 살펴보니 다행히 뼈에는 이상이 없는 것 같았다. 하지만 피부가

| 루카 숙소 전면 | 이탈리아 통일국가의 주역인 쥬세페 가리발디 장군 |

많이 까져서 피가 철철 흐르고 있었다. 와이프의 걱정이 이만저만 아니었다. 구급약을 꺼내서 지혈을 하고 응급처치를 끝낸 후 여러 생각들을 하게 되었다. 뼈라도 다쳤으면 앞으로의 여행이 막막했을 것이다. 와이프는 장롱면허라 운전을 할 수 없으니 오른손으로만 운전하고 짐을 운반하는 등의 일을 해야 하는 상황이 연출될 수도 있었을 것이다. 해외여행에서는 안전이 최우선인 것 같다. 만일 철저히 준비된 스케줄을 진행할 수 없는 불행한 상황이 초래된다면, 수습할 수 없는 고통의 시간으로 바뀔 수밖에 없을 테니 말이다.

그래도 예정된 시간대로 아침 8시에 루카 시내로 향했다. 마침 비도 거의 그치고 도보 여행을 하는 데 큰 지장은 없었다. 이처럼 여행이 순탄하지는 않지만 비교적 운이 좋은 편인 것 같다.

사실 루카는 별로 볼 것은 없는 것 같았다. 숙소에서 조금만 걸어가면 중세의 정취가 풍기는 성벽이 나오는데, 루카라는 이 도시가 토스카나 지방을 가장 잘 표현해 주는 상징성이 있다고 한다. 17세기에 건축된 성벽의 중심에 통행할 수 있는 문이 있다. 성안으로 들어서면 중세도시로 들어서게 된다. 주택가에 들어서자 작은 골목들이 거미줄처럼 얽혀 있다. 이른 시간이라 사람들은 출근하는 듯 바쁘게 움직였고, 우리는 중세의 골목길을 누비다가 산 마르티노 성당에 이르렀다. 종탑은 공사 중이라 비계와 천막으로 완전히 가려져 있고 성당은 보수를 많이 하지 않았는지 대리석에 이끼와 물때가 끼어서 지저분해 보였고 군데군데 떨어져 나간 곳이 많았다. 대리석으로 잘 지어진 건축물은 항상 깨끗한 줄로만 알았는데 유지·보수를 하지 않으면 이렇게 된다는 것을 알게 되었다. 그렇다면 밀라노나 피렌체의 두오모들은 지속적으로 보수작업을 하고 있을 것임에 틀림없다.

비가 몇 방울씩 내리는 가운데 오랫동안 있다 보니 옷이 축축해졌다. 피사로 출발하는 시간을 9시로 계획했기 때문에 시간에 맞춰 숙소로 되돌아가야 했다. 숙소에 도착하니 주인이 와 있었다. 어제의 상황에 대해서 미안하다는 사과의 말을 들었다. 곧바로 숙박비를 계산하고 숙소를 나왔다. 내비게이션은 토스카나 시골길로 안내를 시작한다. 운치 있는 이탈리아 시골길을 주행하는데 소나기가 세차게 오더니 잠시 후 맑게 갠 하늘이 나왔다.

피사

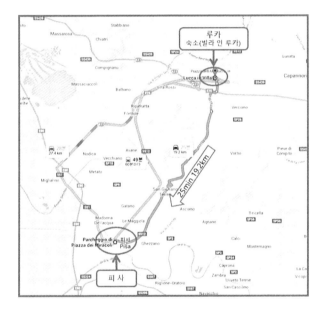

피사는 이탈리아 중부의 토스카나 지방에 위치해 있고, 고대 그리스의 식민도시에서 시작하여 중세에는 동방무역으로 번영했다. 피사의 대성당은 열주와 막힌 장식의 아케이드로 구성된 화려한 외관의 피사식 로마네스크 양식이다. 대성당 서쪽의 세례당에도 니콜라 피사노가 제작한 설교단이 있다. 동쪽의 종탑이 그 유명한 '사탑'으로서 높이 약 54.5m의 8층으로 되어 있다.

피사의 성문

1995년 사탑

지면에서 본 사탑

사탑을 한 손으로 들어올리기

기울어진 사탑 밀기

가족들은 피사의 사탑에 대한 기대가 너무도 크다. 와이프는 별로 볼 것도 없는 루카에서 비를 맞으며 뭐하러 돌아다녔느냐고 잔소리를 늘어놓는다. 루카에서 피사를 향해 가는 도로는 시골길이다. 꼬불꼬불한 산 능선을 넘어 평지가 펼쳐지는가 싶더니 곧 피사의 사탑이 멀리 보였다. 차 안은 난리가 났다. "우리가 피사에 왔다니!" 계속해서 환호성을 지른다.

10시가 채 되지 않았는데도 벌써 피사의 사탑 근처 주차장에는 차들이 많았다. 어디를 가든지 처음 가는 곳이라 물어보면서 규정을 확인한 후 주차를 해야 하니 시간이 꽤 소모된다. 이곳 주차장의 주차권은 동전 모양의 플라스틱이다. 관리자로부터 몇 번의 지적을 받은 후 주차장을 나올 수 있었다. 주차장을 나오자마자 깨끗하게 관리된 피사의 성곽과 성문을 마주하게 되었다. 성문을 통과하니 세례당, 두오모, 사탑이 동시에 눈에 들어왔다. 벌써 많은 관광객들이 사탑을 배경으로 사진 찍기에 바쁘다. 관광객의 국적을 살펴보았더니 중국 단체여행객들이 있었기 때문에 대부분이 중국인이었고, 한국인들도 상당수 있었다.

어디서 보았는지 예린이는 원근법을 이용하여 사탑 들어올리기, 넘어뜨리기, 세우기, 발로 차기 등의 퍼포먼스 사진을 찍고 있다. 곧이어 사탑입장권을 빨리 사오라며 난리다. 사탑 입장은 제한된 인원만 입장이 가능하기 때문에 관광객들이 더 많아지면 오랫동안 기다려야 한다는 것이다. 사진을 몇 장 찍지도 못하고 매표소를 찾아야 했고, 10시 30분에 입장 가능한 18유로짜리 통합권 티켓 4장을 구매했는데 일찍 움직였기 때문에 기다리는 시간 없이 신속하게 사탑

피사 풍경

사탑에서 본 두오모

두오모 예배장소

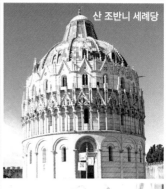
산 조반니 세례당

두오모 내부

의 입장도 가능했다. 사탑의 계단이 294개라고 하니 피렌체 두오모에 비하면 그리 높지 않아 금방 올라갈 수 있을 것 같다. 역시 이곳에서도 장갑차와 무장한 군인들이 경계근무를 하고 있었고 사탑에 입장하기 전에 철저한 몸수색과 가방 검사를 받았다.

사탑에 오르는 계단을 딛었을 때 기울어진 정도를 심하게 느꼈다. 얼마나 수많은 사람들이 계단을 오르내렸는지 계단 대리석은 많이 닳아져서 꺼진 정도가 심했다. 사탑의 종이 있는 층이 끝인 줄 알았는데 또 올라간다. 그리고 마침내 전망대에 올랐다. 피사 시내가 한눈에 들어왔다. 지평선까지 보이는 탁 트인 시야와 비 온 후 맑게 갠 푸른 하늘이 오늘의 여행 조건을 훌륭하게 만들었다.

피사는 동쪽과 북쪽으로 산이 길게 늘어져 있고, 서쪽과 남쪽으로는 지평선이 환하게 펼쳐졌다. 가족들 모두 행복해하는 표정을 보니 정말 잘 왔다는 생각을 하게 된다. 사실 20년 전 피사에 왔을 때 사탑에는 오르지 못했었다. 그 당시 사탑은 붕괴의 위험이 높아 보수공사를 하고 있었으며, 사탑이 얼마나 오랜 기간 동안 버틸지 모른다고 했었다. 그러나 현재는 관광객을 받을 수 있는 정도로 보수가 되었나 보다. 덕분에 이 사탑을 오를 수 있게 되었는데 18유로나 하는 비싼 입장료가 아깝다는 생각이 전혀 들지 않았으므로 얼마나 큰 만족감이 들었는지 알 수 있을 것이다. 그리고 현재의 광장은 푸른 잔디를 깔아서 깨끗하게 단장되어 있지만 예전에는 황토흙이 드러나 있어 관리가 잘 되어 보이지 않았다. 또한 두오모도 지금처럼 하얀색 대리석으로 깨끗한 편이 아니라 이끼가 많이 낀 지저분한 모습이었다. 관광객이 많이 찾으니 더욱 관리를 잘하는가 보다.

피사의 사탑 하나만을 보기 위해서 이렇게 많은 사람들이 피사를 찾고 있는데, 이탈리아 전체를 찾는 관광객을 통계 낸다면 엄청날 것 같다는 생각이 든다. 부럽다. 21년 전에 여행할 때 혼자 중얼거렸다. '조상을 잘 만나 놀면서도 잘 먹고 살 수 있는 이탈리아인들…' 피사, 이곳도 21년 전과는 비교가 되지 않을 정도로 관광객이 많은 것 같다.

예린과 린은 사진을 실컷 찍고 나더니 이젠 동영상을 찍겠다고 제안을 해왔다. 예린이는 자신이 여행가이드가 되어 설명하면서 사탑 전망대를 휘젓고 다녔고, 와이프도 예린이를 거들며 같이 놀아 주었다. 그리고 난 카메라맨이 되어야 했다. 이렇게 사탑에서 즐거운 시간을 보내고 나니 다른 건축물에는 호기심을 드러내지 않았다. 하지만 통합권으로 끊은 티켓이 아까워 두오모 안으로 입장했다. 아이들이 의자에 앉아서 잠깐 쉬기도 하고 그림을 감상하는데, 와이프가 가이드북을 찾아보면서 두오모 내 작품에 대한 설명을 잘도 한다. 설명이 재미있었던지 아이들도 흥미를 가지고 관람했다. 생각보다 피사에서 시간을 많이 보냈다. 이곳이 아무리 좋다고 해도 다음 일정이 있으므로 마냥 머물러 있을 수만은 없었다.

피사의 성문을 빠져나와 오른쪽으로 가면 길거리 음식들이 많이 있다. 벌써 배가 고파져 포장마차에서 파는 핫도그를 주문했고, 아이들은 맥도널드에 들어가 햄버거(빅버거, 베이컨치즈버거), 감자튀김, 콜라, 사이다를 주문해서 점심시간을 가졌다. 맥도널드 앞에는 기념품 숍들이 늘어서 있다. 아이들은 친구 선물을 사야 한다며 기념이 될 만한 것들을 골랐다. 피사의 사탑 열쇠고리 등의 액세서리를 10유로에 11개를 구입했다. 주차장으로 들어가 정산기에 주차동전을 넣었더니 4유로 정도의 주차요금이 나왔다. 시간은 벌써 오후 1시가 지나가고 있었으니 서둘러야 할 것 같다.

오늘의 남은 일정은 산 지미냐뇨, 시에나, 치비타이다. 아마 치비타는 밤에 도착하여 야경이나 구경하고 말 것 같다.

산 지미냐뇨

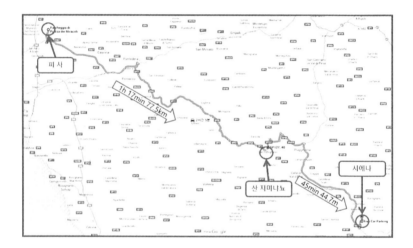

웅장한 13개의 탑이 마을의 스카이라인을 이루고 있고, 중세시대 북유럽에서 로마로 향하는 순례길의 중요한 경유지였던 이곳은 12~13세기에 최고의 번성기를 누렸다. 그 시절 귀족들은 자신의 세력을 나타내기 위해 하나둘씩 탑을 세우기 시작했고 그 탑의 수는 무려 72개나 되었다고 한다. 그러나 14세기 중반 창궐한 페스트로 순례길이 바뀌면서 점차 쇠락하고 잊혀져가는 마을이 되었으며 현재는 13개의 탑만 남아 마을을 지키고 있다.

고속화도로를 한참 동안 주행하다 국도에 들어섰다. 토스카나 풍경을 제대로 볼 수 있는 기회였다. 산은 구릉 형태로 되어 있고, 곳곳에 키는 작지만 풍성한 하얀색 나무들이 널려 있었다. 이 나무의 이름이 올리브나무라는 사실은 현지인에게 물어보고서야 알게 되었다. 또한 줄을 그어 놓은 것처럼 잘 정리되어 있는 포도나무 밭이 끝없이 이어지고 있었다.

다음 페이지 사진들은 일반적인 토스카나 시골풍경이라는 생각이 든다.

아이들은 차만 타면 잠이 들어 이런 풍경을 보지 못했다. 운전이 지루해질 무렵 산 지미냐뇨에 도착했다. 미리 즐겨찾기 해둔 주차장은 성벽 아래쪽에 있었다. 유료주차장이 건너편에 있고, 무료로 주차할 수 있는 노변에 여러 대의 차량이 주차가 되어 있어 그 옆 자리에 주차했다. 바로 앞에는 성벽을 바로 올라갈 수 있는 엘리베이터가 있어서 편리할 것 같았기 때문에 주차 위치로는 최적이었다. 도보여행은 최대한 가볍게 다니는 것이 편하므로 구글맵이 있는 스마트폰과 여행책자만 손에 들고 차에서 내렸다. 가방 없이 카메라만 어깨에 둘러메고 도보여행을 시작했다. 산 지미냐뇨의 날씨는 흐린 가운데 비가 한두 방울씩 내렸다 그치기를 반복하고 있었다. 하지만 여행에는 큰 지장이 없을 듯하였다. 공기가 조금 쌀쌀했기 때문에 옷은 따뜻하게 입고 나올 필요가 있다. 화장실이 보이지 않으므로 린은 숲에서 볼일을 해결하고 본격적으로 걷기 시작한다.

산 지미냐뇨의 아름다운 풍경은 어디에서 사진을 찍더라도 달력 사진처럼 아름답게 보인다고 한다. 마을의 골목길에 접어들었을 때

산 지미냐뇨 풍경

토스카나 시골 풍경

산 지미냐노 시청   우물

는 중세시대 분위기를 충분히 느낄 수 있었다. 이 작은 마을은 인기 있는 관광지로 명성이 높기 때문인지 깨끗하게 정비가 잘 되어 있음을 느낄 수 있다. 중세시대에도 이렇게 깨끗했을까? 루카의 구시가, 베로나의 카스텔로에서 빠져 나올 때의 골목 등은 중세풍의 향기는 진했으나 지저분했다. 그런데 산 지미냐뇨는 깔끔하고 잘 정돈되어 있으면서도 중세의 느낌을 그대로 살려주는 분위기가 너무 좋다. 힐링하는 마음으로 아이들과 이야기를 나누며 걷다가 넓은 광장 귀퉁이에 있는 젤라또 가게를 발견했다. 각각 다른 젤라또 3개를 사서 나눠 먹으니 골고루 먹을 수 있어 좋았다. 젤라또를 먹으며 걷고 있을 때, 한두 방울씩 내리던 비가 갑자기 굵어졌기 때문에 비를 피하기 위해 어느 집 대문 처마 밑에서 한참 동안 서 있었는데, 이런 분위기도 운치 있었다. 비가 그칠 무렵 다시 골목을 누비고 다녔다. 산 지미냐뇨는 높은 지대에 위치해 있기 때문에 성벽을 따라 걸을 때면 토스카나의 아름다운 시골풍경을 더욱 잘 볼 수 있었다.

　산 지미냐뇨를 둘러본 결과 비수기 탓인지는 모르겠지만 명성에 비해서 관광객은 거의 없었다. 우리 가족만이 이 작은 마을을 누비고 다니는 것 같다. 덕분에 주변을 의식하지 않고 큰소리로 떠들고 장난도 치면서 활보할 수 있었다. 조금 아쉬웠던 점은 영업 중인 숍들이 많지 않았다는 것이다. 비수기인 겨울에는 그다지 관광객이 많지 않은가 보다.

시에나

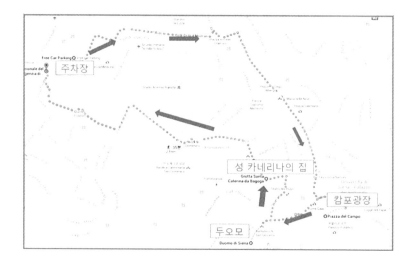

TIPS!!

시에나는 중세시대의 모습을 간직하고 있어 1995년 지역 전체가 세계문화유산으로 등재된 도시이다. 중세 후기 상업도시로 번창했지만 피렌체와의 경쟁에서 패하여 점차 잊힌 도시처럼 되었다. 하지만 이 때문에 지금처럼 중세의 모습을 잘 간직할 수 있게 되었다고 한다.

숙소가 있는 치비타까지 포함한다면 하루에 5개 도시를 둘러보는 여행스케줄이다. 누가 보아도 무리가 따를 수 있는 과욕이라 할 것이다. 그러나 계획했던 여행스케줄에 따라 잘 진행하고 있다.

아직도 시에나라는 중소도시의 방문과 숙소인 치비타까지 이동이 남아있다. 산 지미냐뇨에서 오후 2시 50분에 출발하여 시에나에는 3시 40분쯤 도착했다. 주차장은 ZTL 구역 밖이어서 특별한 문제없이 운전이 가능했다. 도착한 시간이 오후 3시 40분이므로 5시까지 1시간 동안 시에나를 둘러보기로 했다. 무료 공용주차장에 주차를 하고서 구글맵에 의지하며 시에나 관광을 시작했다.

시에나에서 가 봐야 할 곳을 꼽는다면 캄포광장과 두오모다. 아이들에게 관심이 있을 만한 것은 없을 것 같지만 시에나 두오모가 이탈리아에서 제일 아름답기로 유명하다기에 지나칠 수 없다. 자칫 걷는 문제가 아이들을 힘들게 할 수 있기 때문에 강렬한 느낌이 전해질 수 있는 3곳(캄포 광장, 두오모, 성 카테리나의 집)을 지정하여 방문하기로 했다. 구글맵의 안내에 따라 가다 보니, 대부분의 사람들이 우리와 같은 방향으로 걷고 있음을 알 수 있었다. 사람들은 캄포 광장으로 향하는 느낌이었다. 좁은 골목에 들어서니 건물 벽에는 중세시대 말들의 고삐를 묶었다는 쇠고리가 곳곳에 박혀있다.

좁은 골목에서 나왔을 때 캄포 광장이 넓게 펼쳐져 보인다. 와이프가 가이드북을 보면서 설명을 시작했다. 광장이 경사져 있고 부채꼴 모양이 이 광장의 특징이며 건축학적인 면에서 걸작으로 꼽힌다고 한다. 광장의 부채꼴 모양은 9부분으로 나뉘었는데 중세에 시에나를 다스린 '9인 위원회'를 상징한다. 광장 뒤편에 있는 가이아 분수는 13세기부터 500년 동안 시민들에게 물을 공급했다는데 이 분수는 모조품이고 진짜는 시립미술관 안에 전시되어 있다고 한다.

미완성 건축물의 일부분

시에나 두오모

　시에나에서 가장 대표적인 건축물이며 이탈리아에서도 아름답기로 알려진 시에나 두오모는 1339년에 가장 큰 성당을 짓다가 흑사병 때문에 더 이상 건축을 진행하지 못하고 미완성으로 남은 성당이다. 너무 늦은 시간이라 내부 입장은 포기하고 겉모습만 봤다. 밀라노, 피렌체에 비해 크지는 않지만 또 다른 매력이 있는 아름다운 건축물이다.

　시에나에 대한 사전조사가 이루어지지 않아 수박 겉핥기식의 여행이 되어서 아쉬웠을 뿐만 아니라 시간의 제약으로 인해 여유 있게 볼 수가 없었던 점은 안타까움을 더한다. 이 정도의 관람으로 만족하고 다음 기회에 심도있는 조사를 통해 시에나에 대한 지식을 습득하기로 했다. 마지막 목적지는 와이프가 꼭 보고 싶다고 하는 '성 카테리나의 집'이다. 구글맵을 이용하여 목적지를 찾으려고 했지만 주변에서 맴돌기만 하다가 결국 찾지는 못했다. 와이프에게 성 카테리나 집에 대한 설명을 들으며 시에나 방문을 마쳤다.

바쁘게 둘러보는 일정이었지만, 아이들에게 이렇게 말한다.

"엄마, 아빠는 시간에 쫓겨서 큰 그림밖에 보여줄 수밖에 없으니까 너희들이 크면 자세한 그림들을 보기 위해 다시 찾아오면 좋을 것 같구나."

치비타 디 바뇨레죠

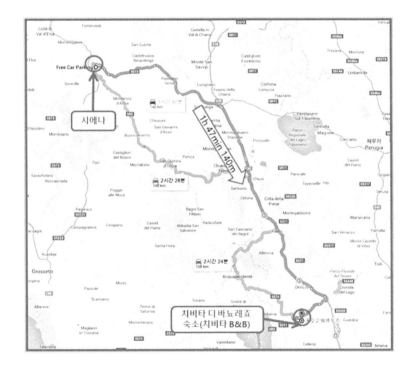

서서히 어두워지고 있는 시에나에서 치비타를 향해 출발한다.

유럽여행을 위한 설계를 하던 중 어떻게 치비타를 처음 알게 되었는지 정확하게는 잘 모르겠다. 다만 블로거들의 포스팅에 자주 등장했다. 오르비에토 방문기에 덤으로 치비타가 나오곤 했다. 2000년대 전후 일본 애니메이션을 광적으로 좋아했던 마니아의 한 사람으로서 치비타가 〈천공의 섬 라퓨타〉를 제작하는 데 영감을 주었다니 꼭 방문해 보고 싶은 곳이 되었다. 애초에 오르비에토를 방문하고 근처의 와이너리 농가에서 숙박하려고 했다. 그러나 짧은 여행 일정상 오르비에도와 치비타의 도시 성격이 비슷할 것 같고, 또한 중소도시는 시에나 한 곳을 방문해도 충분할 것 같았다. 그래서 깊은 산속 마을과도 같은 치비타 디 바뇨레죠로 계획을 바꾸었다.

　시에나에서 치비타까지 이동하는 데는 2시간 정도가 소요된다. 고속도로를 줄곧 달리다가 오르비에토 IC를 빠져나와 오르비에토를 등지고 반대방향으로 주행한다. 시간이 저녁 7시를 넘었기 때문에 시골길은 완전한 암흑이었다. 지나가는 차도 드물었다. 수시로 폭우처럼 비가 내리면서 바람도 세차게 불었다. 운전하는 동안 공포를 느끼게 하는 구간이 자주 나타난다. 어느 순간에는 도로가 1차선으로 바뀌어 정글처럼 되어 있는 산속으로 들어갔는데 도로가 곧 없어질 듯 보인다. 다행히 2차선 도로로 넓어지면서 정글 같은 곳에서 빠져나왔다. 그러나 정글과 같은 숲속은 반복적으로 이어졌다. 꼬불꼬불한 나무들이 기울어져 도로를 덮칠 것 같은데다가 나무가 비바람에 많이 흔들려 춤을 추는 것처럼 보인다. 와이프가 무섭다고 하면서 고개를 완전히 숙이고 눈을 감고 있을 정도였다. 우리가 가는 길이 제대로 된 것인지 자꾸만 물어보는데 난들 어떻게 알겠는가? 그냥 내비게이션이 안내하는 대로 갈 뿐이다. 사방에 불빛 하나 없이 칠흑과 같은 암흑에다가 지나가는 차도 없고, 비바람은 세차게 불면서 꼬불꼬불한 나무들이 흔들리는 모습은 마치 유령이 춤을 추는 것 같아서 나도 무서울 정도였다. 어느 지점을 통과할 때는 주변에 아무것도 없는 평지가 나오는가 싶더니 다시 음습하고 기괴하게 느껴지는 숲에 들어가기도 했다. 이런 공포스러운 구간을 몇 번 동안 지나고 났더니 마침내 마을이 나타났다. 아직 저녁 7시 30분밖에 되지 않았는데, 마을은 깊은 밤처럼 조용하다. 길이 좁고 건물이 중세의 건축물 같아서 그런지 대부분의 집들이 숙박업 형태로 보인다. 마을 안쪽의 꼬불꼬불한 골목길처럼 좁은 도로를 통과한 후, 곧바로 목적지인 천공의 성 치비타가 불빛과 함께 조용하고 낯선 모습으로 나타났다.

미리 알아두었던 주차장에 주차를 했다. 치비타에 가기 위해서는 구름다리를 건너야 하므로 짐을 최소로 하여야 할 것 같았다. 차를 정리하고 빠진 짐을 더 챙기는 동안 와이프와 아이들을 먼저 출발하도록 했다. 늦은 시간임에도 매표소에는 직원이 있었다. 치비타 비앤비(B&B)에서 숙박을 예약하면 주차비와 입장료가 무료라고 한다. 도착한 시간이 늦은 탓도 있고 차를 타고 와서 그런지 매표소에서 아무런 제지를 받지 않은 채 치비타 비앤비(B&B)로 향했다. 비는 아주 약해져 몇 방울씩 내리지만 크게 문제될 것 같지 않아 비를 맞으며 구름다리를 건너기 시작했다. 그러나 돌로 포장된 길이 미끄러워서 조심스럽게 걸어야 했다. 구름다리를 웬만큼 건너면서부터 경사가 급해지기 시작했고 조금 더 올라가보니 아이들이 중간에 못 가고 주저앉아 있었다. 할 수 없이 아이들 짐까지 끌고 치비타 입구(성문처럼 큰 문이 있음)까지 힘들게 올라갔다. 올라가는 모습이 얼마나 힘들었

다음날 아침에 본 치비타

는지는 다음날 아침에 내려오는 모습의 사진을 보면 이해할 수 있을 것 같다. 한 할머니가 치비타 입구에서 나왔다. 인적이 없는 어둡고 낯선 곳에서 갑자기 사람을 봤을 땐, 무섭기도 하지만 반갑기도 하는 오묘한 느낌이 교차한다. 이곳에서는 오히려 우리가 낯선 여행자이므로 갑을 관계에서 을에 해당할 것 같다. 을이 조심스럽게 갑에게 물어봤다. "치비타 비앤비(B&B), This way?" 영어를 모를 것이라고 판단하고 최대한 간단히 물어보았다. 뭐라고 설명을 해 주면서 어찌어찌 가라고 한다. 또한 퇴근 중이라 더 이상 안내해 줄 수 없다는 뜻으로 해석할 수 있는 말과 손짓을 해보였다. 와이프는 내 해석이 맞는 것 같다고 한다.

치비타 입구를 통과해서 조금 더 갔더니 조그만 광장이 나오고 앞에 성당도 있었다. 구글맵을 보면 왼쪽으로 숙소 위치인데, 간판 같은 게 있는지 열심히 찾아보았으나 잘 보이지 않았다. 골목으로 들어

가서 찾아보았더니 숙소를 예약할 때 본 사진과 똑같은 간판이 눈에 들어왔다. 이 집에 불이 켜져 있어서 다행이었다. 문 앞에서 "치비타 비앤비"를 세 번 정도 크게 불렀다. 젊고 예쁜 이탈리아 아가씨가 나오면서 "Oh yes! OK, OK, Welcome, Welcome!"이라고 한다.

예약상태를 확인하기 위해 내 이름을 알려주려고 하는데, 이미 그 아가씨는 내 이름을 부르더니 웃으며 열쇠를 건네준다. 그리고 자신을 따라 오라고 하면서 앞장섰다. 친절하게도 와이프의 짐을 함께 들어주면서 골목길을 20m 정도 걸었다. 안내해 준 집은 비앤비 2층이었다. 비앤비 내부를 자세하게 설명해 주었고, 내일 아침식사는 처음 만났던 바에서 제공하므로 아침 8시 이후에 오면 된다고 한다. 비앤비는 복층구조로 되어 있다고 하면서 1, 2층에 대한 구조를 모두 설명하다가 우리 여행에 관한 질문을 하기도 했다.

비앤비 2층에는 방 2개와 화장실, 샤워부스가 있고, 1층은 입구에 거실이 있으며, 안쪽에는 주방과 식탁이 있다. 비앤비 전체를 둘러보고 나서는 가족들이 제각각 한마디씩 한다. "판타스틱!", "이렇게 멋진 집에서 지내게 될 줄이야!", "우리나라에도 이런 집이 있으면 좋겠다!", "지금까지 숙소 중에서 최고!"

호텔예약사이트에서 공들여 예약한 보람이 있다. 렌터카가 있기 때문에 가능한 숙박이지만 1박 비용으로서는 가장 많은 금액인 110 유로를 지불한 숙소이기도 하다. TV에서나 볼 수 있는 중세풍의 느낌이 있는 가정집에, 실제 사용하고 있는 식기들이 잘 정리되어 있으며 장롱, 서랍장 등과 함께 현대의 장식과 전자제품들도 함께 잘 어우러져 있다.

아이들이 좀 더 자유로운 시간을 보낼 때, 와이프는 짐을 정리하면서 남은 식재료를 꺼내어 저녁을 준비한다. 한국에서 가져온 소시지가 상한 것 같아 버리기로 하고, 라면, 과일(블루베리, 산딸기, 사과 등), 스테이크 등으로 저녁식사를 준비했다.

중소도시를 포함하여 하루에 5곳을 방문하는 여행은 모두들 불가능한 여행으로 여길 것이다. 그런데 우리는 렌터카를 몰고 다녔기 때문에 어려울 것 같았던 이 여행을 잘 해내고 있다. 비록 디테일한 요소들을 모두 섭렵할 수는 없었지만, 아이들에게는 임팩트가 강한 명소를 더 볼 수 있었으므로 더욱 기억에 남을 것으로 생각된다. 임팩트가 있는 요소들에 포커스를 맞추어 여행을 진행하는 것에 가족들은 그다지 큰 불만이 없다. 물론 이렇게 압축된 여행을 해야 하는 가장 큰 이유는 시간이라는 한정된 제약 조건과 자유롭지 못한 우리의 사회적 환경 때문이다. 시간이 흐르고 아이들이 다 자란 뒤 부족한 부분을 스스로 채운다면 삶의 풍요를 누릴 수 있는 훌륭한 토양이 될 것이라고 생각한다.

냉장고가 있었으나 고장이 났다. 맥주는 창밖의 창틀에 내놓았다.

치비타 숙소

창틀에 올려놓은 캔맥주

잠깐 동안 창밖에 내놓은 맥주가 시원해졌다. 차가운 비바람 탓에 냉각이 빨리 이루어졌을 것이라 짐작해 본다. 오스트리아에서 캔 맥주를 잔뜩 사길 정말 잘했다. 다양한 맛으로 저렴하게 이곳 비앤비(B&B)에서 편하게 즐길 수 있는 행복을 제공해 주고 있기 때문이다.

저녁식사 후, 남아 있는 마지막 오징어를 굽고 아이들은 아이스티, 우리 부부는 맥주를 마시며 오늘 하루를 돌이켜 본다. 그리고 아이들은 오늘도 보고서를 작성해야 한다. 5캔쯤 마셨을까? 갑자기 급격한 피로가 몰려오는 걸 느꼈고, 어느 순간 나도 모르게 잠들었다.

LYNN's diary

피사의 사탑, 피사 두오모

루카에 갔다가 차를 타고 피사로 갔다. 피사의 사탑이 기울어져 있어서 신기했다. 18유로짜리 입장권 4개를 사고 피사의 사탑에 올라갔다. 계단을 올라가는데 기울어져 있어 신기했다. 계단을 모두 올라간 후 사진을 막 찍었다. 근데 한 층 또 있었다. 계단은 얼마나 많이 오르락내리락했길래 닳아 구부러져 있었다. 계단에 물웅덩이가 있어 미끄러워 구두를 신은 엄마가 미끄러지셨다. 다 올라갔더니 중앙에 유리 밑에 피사의 사탑 1층이 보였다. 신기했다. 엄마랑 아빠 너무 확실하게 기울어져 있어서 무서워하셨다. 어지럽다고도 하셨다. 피사의 사탑에 간 다음 피사 두오모에 가서 구경을 한 후 차를 타고 산 지미냐뇨 마을에 갔다.

치비타

치비타 마을에 차를 타고 가는 동안 자기도 했다. 치비타 마을은 버섯 모양이라서 곧 무너진다고 한다. 엄마가 가는 동안 혼자서 길이 어둡다고 무서워하셨다. 웃겼다. 나랑 동생이 웃었다. 도착했는데 나랑 엄마랑 아빠는 20키로짜리 캐리어를 끌고 등산해야 했다. 김예린은 1키로도 안 되는 가방인데…. 다 올라갔더니 김예린이랑 아빠 빼고 힘들어했다. 고양이가 엄청 많았다. 귀여웠다. 고양이들이 돌아다니는 마을이다. 거기서 민박집을 빌려서 잤다.

PART 12

치비타, 로마

11일차 (2016년 2월 13일)

치비타의 유래와 역사(현지의 안내 표지판 참고)

이 마을의 역사는 발굴된 유물인 화살과 도끼와 칼 등으로 미루어서 신석기시대부터 존재해 왔음이 입증되었고, 간간이 발생한 화산폭발로 청동기시대의 유물은 잘 발견되지 않았지만, 에투루스인들의 무덤과 터전이 발견된 오래된 마을이다.

에투루스인들이 처음 자리 잡은 치비타의 지형은 좁은 고원으로 적의 공격으로부터 방어하기가 수월하고 고원 양쪽에 강이 흐르는 지대로 자연적인 방어력과 필요한 수원지와 가까운 곳이기도 해서 오랜 기간 동안 적에게 포위당해도 이겨낼 수 있는 요새의 장점을 지닌 곳이다.

불행하게도 이 지역은 잦은 지진, 화산 그리고 산사태로 많은 유적들이 파괴되었지만, 아직도 남아 있는 소수의 유적들과 유물들로 미루어 보면 기원전 8세기에 현재의 위치에 '도시'라는 뜻을 지닌 치비타가 이미 존재했다는 기록이 남아 있다.

바뇨레지오(Bagnoregio) 마을의 어원은 Balneum regis에서 나왔으며 단어의 뜻은 왕의 목욕탕이다. 그 이유는 이 지역이 화산과 지진이 발생하는 지방에서 흔히 볼수 있는 유황온천이 많은데, 어느 왕

치비타 입구

이 이 지역의 온천에서 상처와 피부병을 나았다는데서 시작되었다
고 전해진다.

600년경에 카톨릭 교구가 존재할 만큼 중세의 중요한 역할을 한
이 도시는 외부의 침략이 지속적으로 빈번하게 일어났다. 고트족
(493~553)과 비잔틴(553~605)의 지배를 받았고, 롬바르드(Larmbards)의
통치하에 있다가 774년에 프랑스의 살르망 왕이 바티칸의 영역으로
넘긴 후, 1140년에 자유체제로 독립을 얻어내고 한동안 번성하기도
한 도시이다.

치비타의 아침

새벽별이 보이는 시간에 일어났다. 전날 밤에는 갑자기 피로가 밀려와 어떻게 잠이 들었는지 모르겠다. 혼자서 큰방에서 자고 있었고, 아이들과 와이프는 작은방에서 자고 있다. 큰 방에는 모나리자 그림이 걸려 있었는데, 린은 모나리자가 계속 쳐다보고 있는 것 같아 무섭다고 했다. 그래서 방이 작아도 작은 방에서 잠을 잤나 보다.

창문을 열어보니 비는 그쳤고, 하늘은 맑게 개어 별이 초롱초롱 빛나고 있다. 공기가 상쾌해서 정말 좋다. 맑은 공기 때문에 전날 밤에 마신 주량에 상관없이 머리가 맑은 것 같다. 치비타 아래에 있는 숲에서는 새들이 시끄러울 만큼 계속해서 지저귀고 있다. 여명이 들기 시작할 때는 멀리서 장닭 우는 소리도 들렸다. 혼자 일어나 비앤비를 서성이면서 좋은 아침을 맞이하고 있었다.

모두들 자고 있을 때 샤워를 하고 가방도 웬만큼 다 정리해 놓았다. 그런 뒤, 마을을 한 바퀴 둘러보기 위해 나섰다. 성당 옆으로 있는 골목길을 지나 조금 더 걸어갔더니 치비타 디 바네리쬬의 산을 첩첩이 멀리까지 볼 수 있었다.

우리나라와는 느낌이 완전히 다른 풍경이다. 산 아래쪽으로는 안개가 구름처럼 덮여 있는데 날이 더 환해지면서 서서히 걷히고 있었다. 계곡이나 산들이 눈 아래로 보이는 걸로 보아서 치비타가 이 근처에서는 가장 높은 곳에 위치한 것 같다. 골목길 끝까지 갔더니 가파른 경사의 내리막길이 있다. 그 길을 따라 계속 내려가 보았는데, 얼마 가지 않아 동굴이 나왔다. 동굴이 아니라 치비타 마을 아래를 관통하는 터널이라고 해야 할 것 같다. 정말 신기한 터널이었다. 터널을 통과하면 계속해서 내려가는 길이 있다. 여기서 치비타 마을은 90도 각도로 고개를 뒤로 젖혀야만 볼 수 있는 위치에 있다. 또 걸어가 보았다. 계곡물이 보인다. 계곡까지 왔으니 어디로 더 갈지는 모르지만 출입을 금하는 표시가 있기 때문에 되돌아가기로 했다. 왔던 길을 되돌아가면서 하늘로 솟아 오른 천공의 성 치비타의 기둥 같은 아찔한 절벽을 보았다.

비앤비에 돌아와 보니 모두들 일어나 있었다. 방금 전에 갔다 왔던 곳의 동굴이야기를 들려주었더니 모두들 가 보고 싶다고 한다. 아이들과 와이프를 데리고 치비타 마을 골목을 다시 둘러보았다. 시간을 거슬러 돌아가 중세시대의 마을에 와 있는 듯하며 느낌이 이상하다고들 한다. 새들의 지저귀는 소리는 끊임없이 들리고 맑은 공기의 느낌이 너무 좋다. 어젯밤에는 비가 추적추적 내렸었는데 오늘 아침은 하늘이 맑게 개었다. 여행 운이 정말 좋은 것 같다. 아이들에게 터널을 보여주려고 데리고 가던 중 다른 동굴이 있는 것을 발견했다. 동굴은 농기구를 보관하는 장소도 있고 버려진 곳도 있는데 어떤 동굴은 시신을 보관하는 곳이라는 생각이 들었다. 사진이 액자에 잘 보관되어 있고 오래되어 말라있는 꽃들이 그 앞에 있었는데,

치비타에서 본 바네리죠

치비타 성당

치비타에서 본 아침 풍경

치비타 골목 어귀

치비타 터널

동굴 근처에서 올려다 본 치비타

어쩐지 음습한 느낌이 느껴져서 그만 보고 싶었다. 그런데 와이프가 관심을 갖고 보더니 예수상을 찾았다며 사진을 찍는다. 추측하건데 가족묘 같았다. 터널에 이르러 아이들과 같이 터널 내부를 관찰해 보았다. 벽면에 퇴적층이 잘 보였다. 아이들이 퇴적층에 대해 설명하는 것을 들어보니, 과학 공부를 제대로 하고 있음을 알게 된다. 치비타 마을로 되돌아가는 길에 골목 여기저기를 둘러보았다. 이곳 현지인들이 옛날에 쓰던 농기구가 전시된 것을 구경할 수 있다. 쟁기

| 치비타 동굴 | 비앤비 레스토랑 |

와 삽 종류는 대충 이해할 수 있었지만, 어떤 물건들은 무슨 용도로 쓰이는지 도저히 알 수 없었다.

    치비타 둘러보기를 끝냈으니 잠깐 숙소에 들러 쉬었다가 아침식사를 위해 8시쯤 비앤비 바(B&B BAR)에 갔다. 실내가 깔끔하고 적당한 장식과 창밖에서 들어오는 햇빛이 잘 어우러져 아침 분위기와도 잘 맞는 레스토랑이다. 어느 벽면에는 가족들의 사진이 서열 순서대로 진열되어 있었는데, 옛 조상들의 사진들도 함께 걸려 있는 것 같다. 혼자서 일하고 있는 아가씨의 분위기도 비앤비와 잘 어울렸다. 빵은 갓 구워져 나왔기 때문인지 환상적인 맛이었다. 이렇게 맛있는 빵은 난생 처음 맛보는 것 같다. 주스나 우유, 커피도 신선하고 좋았다. 이탈리아에서 먹은 음식 중에서 제일 맘에 들었다.

배불리 맛있게 먹었는데, 뱃속이 허전한 것은 왜일까? 배는 부른데 개운하지는 않았다.

아침식사를 끝내고 출발 준비를 하기 위해 비앤비에 돌아갔다.

12시까지 로마에 도착해야 하므로 10시쯤 치비타에서 출발하기로 하고 잠깐 쉬었다가 모든 짐을 챙겨서 비앤비를 나왔더니 경운기 같은 기계음이 들리면서 몇 명의 사람들이 오가는 모습이 보였다. 애견을 끌고서 산책하는 이곳 노인들도 보게 되었다. 여행을 하면서 노인에 대하여 느낀 점 중에 한 가지를 말하고자 한다. 서양 노인들은 우리나라 노인들보다 정정하고 몸 관리를 잘하는 모습으로 비쳐지는 경우가 많은 것 같다. 체력관리를 위한 활동을 많이 하기 때문인지, 분명 나이는 많아 보이는데 우리나라 노인들보다 훨씬 자유롭고 밝은 얼굴 때문인지 건강해 보였다. 아마도 우리나라의 노인들은 과거에 어렵게 살던 시절이 기억에 그대로 남아 있는 세대이기 때문에 인생을 즐기면서 자신의 몸을 관리하는 여유가 없어 보이는 느낌이다. 선진국 노인들과 이런 차이점가 있을 것 같다는 개인적인 생각을 해 보았다. 길가에는 고양이들이 정말 많다. 아침 산책에서도 많이 봤었는데 고양이들이 한두 마리가 아니었다. 지천에 있는 것이 고양이다. 사람이 다가가도 도망가지 않고 태연하게 늘어져 있다. 걷는 걸음도 얼마나 느린지 늘어진 생활의 절정을 보는 듯하다. 치비타에서는 고양이 팔자가 상팔자일지도 모르겠다는 생각을 해 본다.

잠시 비앤비 바(B&B BAR)에 들러서 체크아웃을 하고 나니 주인 아가씨가 치비타가 담겨진 엽서 한 장을 선물로 주었고 다시 방문해

치비타를 내려가는 길(경사가 매우 급함)　　　　　난민 같아도 멋진 사진이다.

주기를 바란다는 말을 건네며 아쉬운 표정으로 작별인사를 한다. 주차장에 가려면 성당 앞 광장을 지나 구름다리를 향해 골목길을 따라 가야 한다. 구름다리에 다다르니 어젯밤에 도착했을 때 일이 생각난다. 무거운 짐들을 끌고 치비타에 오르기 위해 얼마나 힘들었는지 오늘 제대로 확인할 수 있었다. 구름다리에서 멀어지는 치비타를 보는 것도 그림 같다. 아쉬움에 사진을 간간이 찍었다. 우리 가족 말고도 치비타를 떠나는 사람이 있었고, 관광객이 한두 명씩 나타나면서 치비타에 가기 위해서 구름다리를 건너는 사람도 있었다.

주차장에 도착하여 트렁크를 정리하면서 짐을 실으니 차안의 여유 공간이 생기는 것으로 보아 2~3일 사이에 짐을 상당히 줄인 것 같다. 출발 전에 치비타를 배경으로 포토타임을 가졌다. 그리고 맑은 하늘에 떠 있는 것 같은 치비타를 감상한다. 와이프는 이곳 치비타를 떠나야 하는 것에 대하여 많은 아쉬움을 드러냈다.

치비타에서 로마로

치비타에서 로마까지는 2시간 정도의 거리이다. 로마에서 정해진 시간 안에 렌터카를 반납해야 하는데 혹시 모를 변수가 있을지 몰라 1시간 정도의 여유를 갖고서 12시쯤 로마에 도착할 수 있도록 스케줄링 했다.

오르비에토 지방 풍경(포도밭)　　　　운치 있는 이런 나무들이 많음

　그전에 오르비에토를 잠깐 방문해 볼까도 생각했는데 로마에서의 시간이 턱없이 부족할 수도 있을 것 같아 그냥 통과하기로 했다. 대신에 언덕 같은 곳에서 오르비에토가 잘 보이는 적당한 위치에 차를 정차하고서 인증사진을 몇 장 찍었다. 오르비에토 방문을 포기하기는 했지만 어제 보았던 시에나와 느낌이 비슷할 것 같아 크게 후회는 없을 것 같다.

　오르비에토 근처를 지나면 곧바로 고속도로에 진입할 수 있다. 고속도로를 달리기 시작하자 아이들과 와이프는 곧바로 잠들어 버렸다. 그럴수록 빠른 스피드로 로마를 향해 접근해 갔다. 고속도로 주행 시 내비게이션의 안내로 로마의 목적지로 가는 길은 쉬웠으나 시내에 진입하니 정신을 바짝 차리고 천천히 서행해야만 내비게이션의 안내를 제대로 받을 수 있었다. 터프하면서도 정교한 운전을 얼마든지 할 수 있는 한국인 40대 운전자이기에 큰 어려움 없이 낯선 환경에서도 길 찾기를 잘 해냈다.

로마

    렌터카 여행을 시작한지 8일차인 오늘 드디어 로마에 입성했다. 고속도로를 빠져나와 테르미니역까지 가는데 길이 복잡하고 내비게 이션의 안내가 한 박자 느린 탓에 한번은 길을 잘못 들어서 후진하 기도 했지만 큰 문제없이 테르미니역 근처까지 왔다.

    렌터카 반납장소는 테르미니역 안에 위치해 있고, 숙소(Federico Suite)는 그곳과 가까운 건너편에 있다. 짐이 많았기 때문에 역에서 최대한 가까우면서 저렴하고, 사진으로 보았을 때 깨끗하면서 이용 후기도 괜찮은 페데리코 슈트(Federico Suite)를 숙소로 예약해 두었다. 계획했던 시간인 낮 12시쯤 예정대로 도착하여 숙소를 먼저 찾는데 건물에 숙소 이름이 보이질 않았다. 지나가는 사람에게 물어보니 바 로 앞에 있는 건물이 맞다고 하는데 간판이 보이지 않았다. 알고 보 니 페데리코 슈트는 큰 건물 내에서 본인이 소유한 주택(아파트?)으로 숙박업을 하는 그런 종류의 숙박시설이었다. 페데리코 슈트는 그 건 물의 5층에 위치해 있다.

    들어가 보니 덩치가 크고 넉살이 좋은 주인 아저씨께서 반갑게 맞 이해 주었다. 조그만 복도에 책상을 놓고서 카운터 일을 할 수 있도록 만들어져 있는데, 주인이 상주하지는 않고 잠깐 동안만 프런트 일을 보기 위해서 들어오는 것 같았다. 우리 방은 깨끗하고 상당히 넓었다. 가족들에게 짐 정리를 맡기고 렌터카를 반납하기 위해 테르미니역으로 갔다. 의외로 차량 반납시간이 오래 걸렸다. 테르미니역 내에 있는 카운터에서 서류를 확인하고 나니 실제 차량반납장소는 역에서 조금 떨어진 거리에 있었을 뿐만 아니라 차에 손상을 체크하더니 왼쪽 사이드미러에 대하여 책임을 물었다. 렌트하기 전에 이미 사이드미러는 손상되었다고 설명하였으나, 이 친구가 나의 영어를 못 알아듣겠다고 해버린다. 이 문제를 따지기에는 시간이 아까울 것 같아 '니 맘대로 하세요.' 하는 마음으로 서류에 다른 이의 사항이 없는지 확인하고 사인을 해 줘버렸다. 나중에 여행을 마치고 렌터카 회사 사이트에 접속하여 확인해 보니 기름을 채우지 않은 비용과 사이드 미러에 대한 비용을 합해서 7만 원 정도 청구되었다. 그 정도면 값싸게 처리된 것으로 생각한다. 한편으론 차량의 미션을 수동에서 자동으로 바꾸어서 운전할 수 있었던 행운도 있었으니 긍정적으로 생각했다.

숙소에 돌아왔을 땐, 이미 와이프가 짐정리를 거의 끝내 놓은 상태였다. 숙소 주인장에게 시설물과 계약에 대한 자세한 설명을 듣고 나서 로마에 대한 교통편과 안내지도 등의 서비스도 제공받았다. 친절하게도 비상시에 대비해서 주인장의 휴대전화 번호도 알려주었다. 페데리코 슈트 숙소는 3개의 룸(객실)을 갖고 있었고 주방만 공용으로 사용한다. 점심을 밖에 나가서 사먹을까 하다가 아침에 먹은 빵이 개운하지가 않아 라면을 끓이기로 했다.

바티칸 박물관

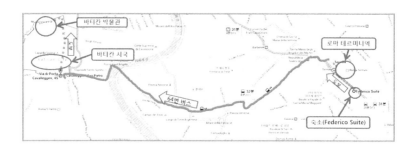

　로마에서 첫 일정은 바티칸 박물관과 성 베드로 성당이다. 일요일은 바티칸 박물관이 쉬는 날이므로 여행을 계획할 때 바티칸 관람을 토요일인 오늘 하기로 정했다.

　테르미니역에서 바티칸을 가는 방법은 64번 버스를 이용하는 편이 좋다. 누가 가르쳐주지 않아도 지금도 잊지 못할 이 버스 번호를 기억하고 있다. 21년 전 로마에서 동행하던 여대생의 가방을 소매치기가 열어서 물건이 쏟아졌던 사건이 있었다. 소매치기에 대한 정보를 이미 알고 있었기 때문에 버스 안에 있는 소매치기의 뒤통수를 마구 때려주었다. 그땐 정말 혈기왕성해서 겁이 없던 청년이었음에 틀림없었다.

산 피에트로 성당

바티칸 박물관 솔방울 분수

바티칸 박물관에서 본 로마 시내

21년이 지난 지금도 노선이 바뀌지 않은 64번 버스에 탔다. 버스로 15분쯤 이동하여 내린 곳은 산 피에트로 광장 입구이다. 로마와 처음 마주한 테르미니역에서 무장한 군인들을 많이 볼 수 있었는데, 이곳 산 피에트로 광장도 마찬가지였다.

바티칸에 들어가니 사람들이 정말 많다. 성수기 때보다는 적은 편이라고 하는데도 이 정도면 성수기에는 사람에 쓸려 다닌다는 말을 이해할 수 있을 듯하다. 우리는 반일 바티칸 투어를 계획에 포함시키려고 했는데 아이들이 크게 흥미를 갖지 않을 것 같아서 편하게 즐길 요량으로 자유투어를 하기로 결정했다. 그래서 곧바로 바티칸 박물관으로 향했다. 박물관 입구를 찾는 데 시간을 많이 소비하고 힘들었다. 지리 정보를 좀 더 파악하고 왔어야 했는데 준비가 부족한 탓에 약간의 고생을 하게 되었다. 박물관 입구에서는 줄이 길게 서 있었는데, 30분에서 1시간 정도를 기다려야 한다고 한다. 성수기에는 2시간씩도 기다린다고 하니 30분 정도는 가볍게 생각하기로 했다. 예린이와 레스토랑에 가서 용변을 보고 피자와 커피를 주문해 먹고 마시면서 여유롭게 시간을 보내고 기다리는 줄에 돌아와 보니 린과 와이프는 벌써 입장하고 있었다. 이때가 오후 3시쯤이었다. 비수기였기 때문에 입장이 빨리 이루어진 것 같다.

바티칸 박물관은 입장료 48유로(16유로, 어린이 8유로), 오디오가이드 28유로(1개당 7유로)의 비용이 들었다. 관람객 대부분이 단체관광객이므로 가이드가 인솔하는 경우가 많았다. 한국인 단체관광객이 있는 근처에는 가이드가 있었기 때문에 휴대하고 있는 오디오 가이드보다 좋은 설명을 들을 수 있었다. 로마의 바티칸 박물관에 왔을 때 린과 예린의 반응이 궁금했다. 큰 규모와 작품의 화려함 때문인지 관심을 갖고 관람하는 의욕을 보였다. 좀 더 많은 시간을 투자할 수 있으면 좋겠다는 생각을 한다. 그러나 2시간 정도 시간이 흐르자 연속된 관람에 아이들은 역시 힘들어했다. 그래도 성수기에 비해 사람이 많지 않아서 수월하게 관람을 마칠 수 있었다.

바티칸 박물관은 방대한 작품들이 전시되어 있어 전체를 설명할 수는 없고 관심 있는 작품 하나씩을 골라 각자의 의견을 이야기해 보기로 했다.

린 아빠	에덴동산

작품은 모두가 각각의 예술성을 갖고 있으므로 '어느것이 훌륭하다'라는 평가보다는 제 나름의 감성을 담아낸 작품을 선택했다. 내가 선택한 작품은 에덴동산이다. 에덴동산은 지상낙원이기 때문이다. 인간세상에서 에덴동산과 같은 낙원이 있었으면 좋겠기에 에덴동산이 좋았다.

린	성베드로 청동상

성 베드로 청동상의 발등을 만지면 행운이 온다고 해서 미신 같지만 뭔가 만져보고 싶어서 몰래 울타리 사이로 들어가서 만지고 왔다. 발등을 사람들이 너무 많이 만져 발은 발가락도 없고 형체를 알아볼 수 없을 정도로 닳았다.

린 엄마	최후의 심판

미켈란젤로의 최후의 심판에 대한 작품 이야기를 가이드 할 수 있을 정도로 가이드북을 탐독했나 보다. 최후의 심판에 나오는 그림에 대한 설명을 가족들에게 잘해 주었고, 아이들에게 관심을 끌 수 있도록 숨은 그림 찾기와 같은 방법으로 진행하는데 상당히 교수법도 좋았으며, 삶의 교훈을 주는 이야기로 마무리하였고, 올바른 삶의 가치관을 정립시키는 데 많은 도움이 될 것으로 생각된다.

예린	천지창조

실제로 천지창조가 이렇게 일어난 걸까?

2시간 30분의 바티칸 박물관 관람을 마치고 성 베드로 성당으로 향했다.

성당에 들어서자마자 와이프가 그토록 보고 싶어 했던 미켈란젤로의 피에타상을 만날 수 있었다. 이후 미사가 진행 중이라 천개 앞에서 더 이상 나아갈 수 없었고, 미사가 끝난 후 린과 예린이는 성 베드로 청동상 발등에 손을 얹고 인증사진을 찍었다. 박물관이나 성당에서의 일정은 관람이 대부분이므로 성 베드로 성당에 대해 조사한 다음 자료를 보면 관람하는 데 많은 도움이 될 것 같다.

성 베드로 대성당(로마)

성 베드로 광장은 베르니니가 1656년에서 1667년까지 11년에 걸쳐 양쪽 회랑을 포함하여 세운 것이다. 흔히 바로크 예술하면 복잡하면서도 장식적인 것으로만 연상되는데, 사실 그 시기에는 그러했다. 그러나 이 대광장의 양쪽에 위치해있는 회랑을 살펴보면, 단순한 균형미에서 그 아름다움을 찾아볼 수 있다. 한 시대의 예술가로서 그 시대의 유행이나 사조(思潮)에 예속되지 않고, 항상 더 나은 이상을 추구하였으며 작품의 대상을 항상 교회를 중심 테마로 잡은 베르니니의 예술 세계를 이 회랑을 통해 볼 수 있다. 광장은 그 폭이 246미터, 광장의 입구에서 대성당의 입구까지의 길이가 300여 미터나 되며, 전체 회랑에 세워진 원주형 기둥이 284개, 사각으로 된 기둥이 각각 네 줄로 88개가 세워져 있으며, 회랑 바닥에서 천정까지는 그 높이가 16미터나 된다. 그 위에 140개의 대리석상(주로 그 당시까지의 성인, 그리고 교황들의 모습으로 구성되어 있고, 석상 하나의 높이는 3.24미터임)이 세워져 있다. 이렇듯 거대한 회랑을 광장 양 옆에 나란히 세운 까닭은 대성당은 그리스도의 몸, 양쪽 회랑은 그리스도의 양 팔을 상징한 것이다. 베르니니는 양 팔을 벌리고 이곳에 오는 모든 이들을 종교나 종족, 언어, 관습 등을 초월하여 하느님의 집에 초대한

성 베드로 대성당 전경

성 베드로 대성당 대광장

| 성 베드로 성상 | 대성당 정면 |

다는 그리스도의 참 모습을 보여주고 싶었다.

　예수님, 세례자 성 요한, 11사도 동상이 있는 정면의 규모를 수치상으로 살펴보면 다음과 같다. 높이 45.44미터, 넓이 114.69제곱미터라는 전체적인 규모에, 높이 27미터, 지름 약 3미터의 거대한 대리석 기둥 8개가 세워져 있다. 그 정면 바로 윗

대성당 내부

2층에서 보는 내부

중앙 제대 아래

▲ 성 베드로의 무덤
▶ 사도 성 베드로의 성좌

부분의 중앙에 그리스도를 중심으로 왼쪽에 세례자 성 요한을 비롯한 열한 제자의 대리석상이 있는데, 그 석상의 높이는 6미터에 달하고 있다. 베드로와 사도 바울로는 광장 양면에 있다. 정면을 바라보면서 가장 오른쪽 끝에는 유다 대신에 제자로 뽑힌 사도 마티아의 석상이 서 있다.

우리는 먼저 성당의 규모에 의해 압도를 당한다. 대성당이 세워진 대지는 모두 25,616제곱미터에 달하며, 중앙 통로의 길이는 187미터, 폭은 140미터, 높이는 46미터이며, 중앙 제대 위에 있는 돔까지의 높이는 137미터이다. 또한 대성당 내부에는 모두 44개의 크고 작은 제대가 있으며, 395개의 조각과 135개의 모자이크로 된 그림이 내벽과 돔 안쪽에 장식되어 있다. 1700년대의 건축 비평가였던 밀리치아가 대성전에 대해 평한 것을 보면, 누구든지 처음 대성당에 들어오면서 외부에서 받았던 성전의 거대함으로 인한 위압감이, 내부의 잘 조화된 모습들로 인해 조금도 그렇게 느껴지지 않는다는 것이다.

중앙 제대 아래쪽의 작은 벽감 안에 은으로 장식된 작은 상자가 있는 것을 볼 수 있다. 이는 교황 베네딕토 14세(1740~1758)가 봉헌한 것인데, 그 안에는 교황 리노(제2대 교황으로 사도 베드로 다음의 후계자임)가 사용했던 것으로 전해오는 영대(가톨릭 교회에서 미사 전례 때에 사제가 장백의 위에 걸치는 것으로, 이는 사제의 직분을 나타낸다.) 위에 6개의 검은 십자가가 수놓아져 있다. 이곳은 전통적으로 새로 선정된 주교나, 로마를 정기적으로 방문하는 각국의 주교단들이, 사도의 대리자로써 자신들에게 맡겨진 목자의 직분을 충실히 하며, 교계 제도에 순종하겠다는 서약을 하거나 갱신하는 곳이기도 하다. 이는 6세기경부터 생긴 교회의 전통으로서, 전세계 그리스도인과 그들이 속해 있는 공동체, 성직자, 수도자 등 모두가 그리스도의 대리자인 성 베드로와 그의 후계자인 교황과 함께 하나의 교회임을 드러내는 것이다.

로마의 그리스도인 사이에 전통적으로 내려오는 이야기에 따르면 사도 성 베드로가 로마에 들어와서 선교 활동을 하였을 때 앉았던 나무 의자의 조각들을 모아서 5세기경 의자의 형태를 만들었고, 그 위를 흰 상아로 장식하여 전해져 왔다고 한다. 이것을 교황 알렉산데르 7세(1655-1667)가 베르니니를 시켜 다시 그 위를 청동으로 장식케 했고, 현재까지 이르고 있다. 어쨌든 고고학적 또는 과학적으로 사도 베드로가 과연 이 의자에 앉았었느냐에 대한 확실한 증거는 없지만, 초세기 때부터 이 의자는 사도 베드로의 무덤을 표시하기 위해 그 위에 세웠던 기념비와 함께 내려온 사도의 유물로 그리스도인들이 경배해 왔다는 것만은 사실이다. 이제 이 청동 의자의 위쪽을 보면, 천연 대리석을 얇게 깎아서 마치 유리처럼 보이는 타원형 안의 중심에 비둘기가 자리잡고 있다. 이 비둘기는 삼위일체의 한 분이신 성령을 의미한다. 타원형을 잘 살펴보면 열두 부분으로 나뉘어져 있는데, 이는 그리스도의 열두 사도를 상징한다. 또한 타원형의 둥근 모습의 세 부분으로 구성되어 있는 점은 삼위일체, 즉 3이라는 숫자의 종교적인 의미를 갖기도 한다.

교회에서는 모든 숫자 중 가장 완벽한 수를 3이라고 한다. 이 청동 의자의 네 다리를 잡고 있는 청동상들을 보면, 앞쪽으로 미트라(Mitra: 가톨릭 교회에서 주교들이 미사 중에 쓰는 모자)를 쓰고 있는 청동상은 성 암브로시오와 성 아우구스티노로, 서방 로마 카톨릭 교회의 대표적 4대 교부(일명, 교회박사라고도 함)에 속하는 분들이다. 뒤쪽으로는 성 요한 크리소스토무스와 성 아타나시오로서 동방 그리스 정교회의 4대 교부에 속한다. 청동 의자의 네 다리를 들고 있는 교부들의 모습은, 동방 교회와 서방 교회의 대표적인 교부들이 표명하였던 그들의 교부학 이론이 바로 사도 성 베드로의 가르침으로부터 내려온 것이며, 이는 다시 사도 베드로가 스승 예수 그리스도의 가르침을 그대로 전달하고 있음을 보여주는 것이다. 그러므로 이러한 복음의 사실들은 변경되거나 바뀔 수 없음을 보여 준다. 또한, 성령 안에서 항상 일치를 이루어야 한다는 교회의 가르침을 표현하고 있으며, 또 다른 의미로는 갈라진 두 교회(동방과 서방)가 일치를 이루어야함을 보여주는 것이기도 하다. 베르니니의 신앙을 기초로 한 예술적 표현은 세기를 거듭할수록 더욱더 새롭게 조명되어 왔고, 또 앞으로도 계속될 것이다.

중앙 제대 주변의 4개의 대리석상

사도 성 베드로의 무덤 위 중앙 제대를 중심으로 네 군데에 커다란 대리석상들이 있다. 이 대리석상들은 성녀 헬레나, 성녀 베로니카, 성 안드레아, 성 론지노 등의

| 성녀 헬레나 | 성녀 베로니카 |

| 성 안드레아 | 성 론지노 |

석상이다. 이 4개의 대리석 위쪽을 보면 사도와 성인들의 상징인 십자가, 베일, 창들을 천사들이 잡고서 하늘로 올라가는 모습이 조각되어 있다. 또한 그 안에는 예루살렘에서 성녀 헬레나가 직접 가져온, 예수님께서 달리셨던 십자가의 일부분과 성녀 베로니카가 그리스도의 얼굴을 닦아 준 베일의 일부분, 그리고 그리스도께서 운명하신 다음 사망 확인을 위해서 당시의 검시관이었던 론지노(라틴어: 롱기누스)가 그리스도의 옆구리를 찔렀다고 전해 오는 원래의 창이 각각 그 속에 넣어져서 보관되어 있다고 한다. 한편 시몬 베드로의 동생이었던 사도 안드레아의 두개골은 1400년 그리스에서 이곳으로 옮겨와 형의 무덤 옆에 안치되었다. 이 두개골은

1966년 다시 그리스의 파트레에 있는 성 안드레아 성당에 보내졌다. 이는 교회의 일치를 원했던 교황 바오로 6세의 뜻에 의해 이루어진 것이다. 사순 마지막 시기인 성주간 동안에는, 현재 베로니카 성녀상 위쪽에 있는 소성당에서 앞서 말한 십자가, 창, 베일 등의 유품이 일반 신자들에게 특별히 공개되기도 한다.

미켈란젤로의 피에타상

미켈란젤로(1475-1564)는 그의 나이 25살 때에 이 작품을 완성하게 되었다. 이 작품은 피렌체에서 보관중인 다윗상, 그리고 로마 성 베드로의 쇠사슬 성당에서 보관 중인 모세 상과 더불어 그의 3대 작품에 들어간다(피에타란 '자비를 베푸소서.' 라는 뜻임). 이 상은 미켈란젤로의 작품 중 유일하게 그의 서명을 남긴 작품이기도 하다. 돌아가신 예수님을 무릎에 안은 성모님의 얼굴을 자세히 관찰해 보면, 아들 예수님의 나이에 비해 너무나 젊은 모습으로 표현되어 있다. 이렇게 성모님의 얼굴이 젊게 표현된 이유를 미켈란젤로의 제자였던 아스카니오 카우디비가 그의 스승에게 물었을 때, 미켈란젤로는 이렇게 대답했다고 한다.

미켈란젤로의 피에타상

"아스카니오, 너는 아직도 모르느냐? 정결한 여자들은 무릇 그 정결함을 고귀하게 유지시켜야 하지 않겠느냐? 하물며 동정녀로서 잉태하신 성모님의 정결함은 세상의 어느 것과도 비교할 수 없지 않겠느냐? 천주의 모친이신 성모님의 모습을 젊고 아름답게 표현한 것은 하느님의 부르심을 받은 분이시기 때문이다. 그러나, 예수 그리스도의 모습을 보아라. 그분은 하느님으로부터 사람과 똑같은 모습으

| 중앙 돔 | 성당 내 작은 돔 천장화 |

로 세상에 파견되었으며, 사람들의 죄 때문에 십자가에 달리시는 고통을 받으셨다. 그분의 처절한 모습을 재현함으로써 그분을 보는 이들로 하여금 양심의 성찰을 일으키게 하려는 것이 바로 나의 의도이다."

우리는 한 예술가를 재조명해 보면서 르네상스의 마지막 대가였던 미켈란젤로를 그저 조각가나 건축설계사로만 볼 수 없을 것이다. 그의 예술 세계는 바로 그의 깊은 신앙심의 바탕 안에서 이루어졌으며, 그러기에 몇백 년이 지난 오늘날까지도 경이적인 찬탄을 받고 있는 것이다.

베르니니의 천개

이 천개야말로 베르니니의 작품 중의 걸작이라 할 수 있다. 교황 우르바누스 8세 (1568-1644)의 명에 의해 제작된 이것은, 그 위에 미켈란젤로가 설계한 거대한 돔과 함께 성베드로 대성당뿐 아니라 이탈리아 전역에서 르네상스와 바로크의 양대 예술 양식중 최고의 예술 작품으로 손꼽히고 있다. 이 천개를 제작하기 위해 필요했

발다키노(베르니니 천개)

던 막대한 양의 청동 금속은 이탈리아에서 모아졌는데, 그 중에서도 베네치아 지방에서 많은 양이 왔다고 한다. 이렇게 해서 모아진 금속의 양은 211,427파운드에 달했다. 그런데도 양이 부족하자, 마침내는 로마에 있는 기원전 1세기 때의 신전인 판테온의 내부 천장의 청동을 떼어서 충당하기도 했다.

　바로 이 때문에 그 당시부터 지금까지 비판의 소지가 있었던 것도 사실이다. 당시의 로마인들은 "이것은 바르바리(야만인이라는 뜻)가 한 게 아니라, 바르베리니(교황의 가문)가 한 일이다."라는 말로써 교황을 비꼬기도 했다. 이 천개를 직접 구상하고 설계한 베르니니는, 후에 자신의 아이디어는 인간의 영혼이 하늘로 올려지는 것에서 착안되었다고 했다. 내부 중앙에는 성령을 상징하는 비둘기가 성령의 빛을 드러내는 모습으로 부조되어 있고, 위쪽으로는 네 명의 천사가 화관(花冠)을 하늘로 끌어올리는 모습이 부조되어 있다. 또 다른 작은 천사들은 삼중관과 열쇠, 칼 그리고 복음을 들고 있다. 이 중에서 삼중관과 열쇠는 사도 베드로를 상징하며, 칼과 복음은 사도 바울로를 상징하는 것이다.

성 베드로 청동상

이는 아르놀포 디 캄비오(1245-1302)의 작품으로, 작가는 현재 베드로 대성당 지하 무덤 출구 앞에 놓여 있는 성 베드로의 오래된 대리석상(5세기경으로 추정)에서 영감을 얻어, 이와 비슷하게 청동으로 작품을 만들었다고 한다. 중세기 때부터 이곳을 찾는 수많은 순례자들이, 특히 이 청동상의 발에 입맞추며 기도를 바치는 전통 때문에, 현재 오른쪽 발가락은 거의 다 닳아서 그 원 모양이 없어지고, 이제는 발가락도 많이 닳은 상태이다. 이는 1857년 3월 15

성 베드로 청동상

일, 교황 비오 9세가 특별한 회칙을 통해 이날부터 50일간을 임시 성년으로 반포하며, 베드로 대성당에 와서 이 동상의 발에 입맞춤해야 전대사를 받을 수 있다고 하였기 때문이다. 그러자 유럽 전역의 많은 순례자들이 이 기간 동안 한꺼번에 몰려들어 사도의 오른쪽 발등에 입맞춤하는 바람에 발등이 심하게 닳았다고 한다.

영광스런 예수님의 변모 제대

예수님은 체포되시기 전에 베드로, 야고보, 요한을 대동하시고 기도를 하기 위해 타볼 산으로 올라가셨다. 예수님께서는 산 정상에서 자신의 제자 베드로와 야고보, 요한이 지켜보는 가운데 자신의 앞에 나타난 엘리야, 모세와 이야기를 나누신다. 기쁨과 환희, 새로운 탄생을 상징하는 '빛처럼 하얀' 옷을 입은 예수님의 얼굴은 '해처럼 빛나고' 있다. 예수님의 공생활에서 정점이라고 할 수 있는 '거룩한 변모'가 이루어지는 순간이다.

영광스런 예수님의 변모

라파엘로 산치오(Raffaello Sanzio, 1483~1520)의 작품 <그리스도의 변모>는 프랑스 남동부 나르본 성당의 제대 장식 그림으로 의뢰받아 제작되었다. 그러나 라파엘로 산치오는 건강이 악화하여 37살의 젊은 나이로 선종함에 따라 작품의 완성을 보지 못했고, 제자인 줄리오 로마노(Giulio Romano, 1499~1546)가 완성했다. 그림 전체 화면의 상부에는 '그리스도의 변모' 내용이, 하부에는 '더러운 영이 들린 아이' 내용이 그려졌다. 예수님께서 거룩하게 변모하셨던 산에서 내려온 직후, 어떤 아이의 더러운 영을 내쫓으셨다.

예수님의 등 뒤로는 성령을 상징하는 '빛'의 구름(후광)이 형성돼 있다. 퍼져가는 빛의 구름을 통해 예수님의 영광을 더욱 강조하고 있다. 예수님의 변모에서 빛은 성령처럼 보이지 않는 하느님이 인간에게 신비와 계시의 메시지를 전달하는 요소이다. 빛으로 가득한 옷을 입은 예수님이 양팔을 펼치고 있는 모습은 십자가에 매달린 장면과 동시에 '부활의 영광'을 연상케 한다.

예수님 양옆에는 모세와 엘리야가 공중에 떠 있다. 구약이 신약과 만나는 순간이다.

출처: 분당 성 마태오 성당 교육자료

성 베드로 발등을 만지는 린   성 베드로 성당 야경

이 내용들을 알고 본다면 작품에 대한 이해를 할 수 있어 재미있는 관람이 가능하다. 많은 지식은 없었지만 와이프가 가이드북을 보면서 작품설명을 해 주었다. 작품에 대한 의문을 제시하면서 해설을 해 주고 그림에서 특별한 포인트를 찾는 방법으로 관람을 하다 보니 아이들의 관심도가 높아졌다.

성 베드로 성당 밖으로 나왔을 때는 이미 어두워져 있었다. 일정에는 산탄젤로 성도 포함시켜 놓았으나 이것은 무리였나 보다. 로마의 야경을 구경하면서 테레베강을 건너고, 버스정류장에서 64번 버스를 타고 테르미니역까지 갈 수 있었다.

LYNN's diary

바티칸 박물관

바티칸 박물관에서 줄을 서서 갔다. 티켓을 인증하고 들어갔다. 멋진 작품들이 많았다.

작품들을 구경했다. 옆에 가이드 설명도 살짝 엿들었다. <천지창조>도 봤다. 최후의 심판 이야기가 제일 재미있었다.

산 피에트로 성당

바티칸 박물관에 갔다가 엄마가 엄청 보고 싶어 하신 피에타가 있는 산 피에트로 성당에 갔다.

예배드리고 있어서 막혀서 베드로 발등을 못 만졌다. (성 베드로 동상의 발등을 만지면 행운이 온다는 전설이 있다.). 그래서 예배가 끝날 때까지 기다렸는데 안 열어줬다. 그래서 살짝 들어가서 재빨리 만지고 갔다.

PART 13

로마

12일차 (2016년 2월 14일)

내일은 아침 일찍 공항으로 출발해야 하므로 오늘이 여행의 마지막 날이라고 할 수 있다.

어제 바티칸을 반나절투어로 관람했고 오늘은 종일코스로 로마의 주요명소를 찾을 계획이다.

테르미니역 근처인 페데리코 슈트(숙소)에서 8시에 출발하여 콜로세움, 포로 로마노, 콘스탄티누스 개선문, 대전차 경기장, 진실의 입, 베네치아 광장, 콜로나 광장(Piazza Colonna), 판테온(Pantheon), 트레비 분수, 스페인 광장 순으로 도보여행을 할 것이다.

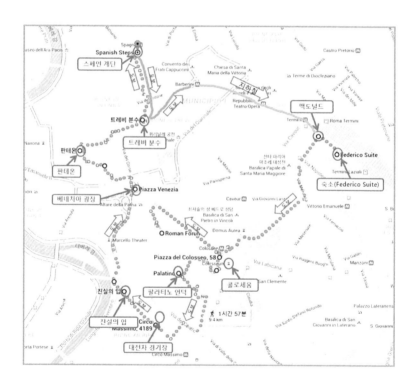

산타마리아 마조레 성당

TIPS!!

산타마리아 마조레 대성당은 미켈란젤로가 설계한 예배당이 있는 로마 4대 성당 중 하나이다. 성당에는 미켈란젤로가 설계한 예배당과 예수가 태어날 당시에 쓰였던 말 구유가 유리 진열장에 전시되어 있다. 4세기 무렵, 리베이우스 1세의 꿈에 성모 마리아가 나타나 '8월 5일 눈이 내릴 것이니, 그곳에 나를 위한 성당을 세우라.'라고 했다. 여름이었지만 에스퀼리노 언덕 위에 눈이 내렸고 그 위에 성당을 지었다고 한다.

테르미니역 주변의 벽에는 그래피티 낙서가 많아 상당히 지저분하다. 그 길을 따라 테르미니역 광장방향으로 걷다 보면 아이들이 좋아하는 맥도널드가 있다. 그곳에서 햄버거와 음료수를 주문하여 간단히 아침식사를 하고 콜로세움으로 향했다. 가다 보면 산타마리아 마조레 성당을 볼 수 있다. 성당 앞에서 인증사진을 찍는데 비가 조금씩 내리기 시작한다. 예보에 비가 오는 것으로 되어 있어 오늘 하루 일정이 무사히 진행될 수 있을지 내심 걱정이 되었다. 우산으로 비를 피하는 것이 가능했으므로 우산을 준비했지만 콜로세움에 다다를 무렵 빗줄기가 굵어지기 시작했다. 어디선가 기다렸다는 듯이 우산과 비옷을 파는 상인들이 나타났다. 상황이 이렇다 보니 비닐비옷을 사야했다. 1개에 10유로를 달라고 한다. 비싸서 싫다고 하니 5유로에 팔겠다고 한다. 다시 흥정하여 4유로에 2개를 달라고 하니 이번엔 상인이 싫다고 한다. 그럼 그냥 가겠다니까 원하는 가격에 주겠다고 한다. 그렇게 구매한 비닐 옷을 입고 콜로세움으로 향했다.

콜로세움의 특별함을 느낄 겨를도 없이 우리는 비를 피해 콜로세움 입구로 들어갔다. 그리고 입장권을 사기 위해 매표소 앞에서 길게 늘어선 줄에 섰다. 인터넷에서 보면 입장권 구입을 하기 위해 2시간 정도 기다려야 한다는데, 우리는 일찍 온 덕분에 몇 분 만에 입장권(성인 12유로, 어린이 무료)을 구입할 수 있었다. 우리가 구입한 입장권은 고대 로마유적지인 포로 로마노와 로마의 최초 발원지인 팔라티노 언덕(로물루스가 로마의 터를 잡은 곳)과 원형경기장인 콜로세움을 모두 볼 수 있는 통합권이다.

콜로세움

TIPS!!

정식 명칭은 '플라비우스 원형경기장(Amphitheatrum Flavium)'이다. 플라비우스 왕조 때 세워진 것으로 베스파시아누스 황제가 착공하여 그의 아들 티투스 황제 때인 80년에 완성했다. 본래는 비공식 이름이었던 콜로세움(Colosseum)의 유래에 대해서는 원형 경기장 근처에 있던 네로 황제의 거대한 청동상(Colossus Neronis)과 명칭이 혼동되었다는 설과 '거대하다'는 뜻의 이탈리아어 콜로살레(Colossale)와 어원이 같다는 설이 있는데 중세에는 그 자체가 '거대한 건축물'이란 뜻으로 쓰였다.

콜로세움에 입장할 때 검문검색이 매우 철저했다. 당연히 장갑차와 군인들도 배치되어 있다. 비수기라는 장점 때문에 많은 시간을 소모하지 않고 입장권을 구입했고 입장도 빠른 편이었다. 그러나 입장 후 내부 관람을 시작하기도 전에 소나기 같은 빗줄기가 강한 바람을 동반하면서 세차게 내리는 탓에 콜로세움 노천관람을 할 수 없었다. 이렇게 30분이 흘렀을까? 기다림에 지쳐서 내부에 전시되어 있는 옛 콜로세움 유적사진을 먼저 관람하기 시작했다. 자세히 보니 21년 전에 보았던 콜로세움과는 많이 달라져 있다. 현재는 깨끗하게 단장이 되어 있고 관람을 위한 장치와 걷는 통로, 포토존 등이 만들어져서 흙이 묻어나지 않도록 잘 보수되었다. 자연 그대로 허물어져

콜로세움 내부

현재(2016년)의 콜로세움 외부

1995년 콜로세움 외부

가는 예전 모습의 콜로세움은 아닌 듯하다. 21년 전에는 벽돌 사이에서 잡초들이 자라났고, 허물어진 곳은 그대로 방치되어 있었으며, 입장료는 내지 않았던 것으로 기억한다. 다시 이곳에 찾아오기까지 21년이란 시간이 길게 느껴지지는 않지만, 상전벽해의 시간을 두 번이나 보냈으니 결코 짧은 시간은 아닌 것 같다. 복학하기 전 학생이 이제는 배

우자와 초등생 자녀 둘을 거느린 가장이 되었고, 아이들에게 신세계를 보여주겠다며 여기에 이렇게 호기롭게 다시 온 것에 대해 스스로 대단하다고 여기고 있다. 그때 찍었던 사진을 현재와 비교해서 보면 시간의 흐름을 느낄 수 있다.

비가 어느 정도 그쳤을 때, 내부 전시 부스 안에서 밖으로 나와 콜로세움 3층으로 올라가서 경기장을 한 바퀴 돌았다. 예전에는 못 올라가게 되어 있었기 때문에 1층에서만 보고 말았는데 3층에서 콜로세움 내부를 보니 경기장 안이 훤히 보인다. 현대에 들어와서도 밝히지 못한 부분이 많다는 고대 로마의 기술은 경기장을 설계할 때 각종 오락과 편의시설을 갖추도록 하였다. 그리고 그 서비스 시설을 이용하면서 경기를 관람하도록 건축했다고 한다. 린은 연신 '대박'이라는 표현을 한다. 우리나라의 고조선 시대에 해당하는 로마가 이런 경기장을 만들었다는데 고조선의 유적은 없기 때문에 더욱 크게 비교된다고 한다. 유적을 비교한다면 솔직히 대응할 말이 없다. 그러나 대리석이 거의 없는 환경에서 탄생한 우리나라 문명의 특수성을 말해 주면서 이해시켜 보았다. 웅장한 콜로세움의 여러 곳을 살펴보고 여러 각도에서 사진도 찍었다. 콜로세움에서 발굴된 유물들은 박물관처럼 전시해 놓은 부스에서 볼 수 있도록 되어 있는데, 유물들 옆에 상세히 기술된 설명을 보고 나면 가이드가 없어도 콜로세움에 대한 스토리를 알 수 있다. 부스에는 그 시대의 콜로세움에서 즐기던 생활상을 그림으로 그려 놓았기 때문에 로마 시대 시민들의 모습을 상상할 수 있다.

콘스탄티누스 개선문

TIPS!!

콘스탄티누스 개선문은 티투스 개선문, 셉티미우스 세베루스 개선문과 더불어 온전한 상태로 살아남은 세 개의 로마 개선문에 속한다. 이는 최초로 기독교를 받아들인 로마 황제라 알려지는 콘스탄티누스 1세가 '밀비우스 다리의 전투'(312)에서 거둔 승리를 기념하기 위해 건설되었다. 이 승리로 인해 그는 서로마 제국의 단일한 지배자가 되었으며 기독교 세력이 성장하는 데에 중요한 역할을 하였다.

콘스탄티누스 개선문

다음 목적지인 포로 로마노로 가야 하는 일정이 있으므로 아쉬운 마음을 뒤로 하고 콜로세움을 나왔다. 눈앞에 큰 개선문이 보였다. 콘스탄티누스 대제의 개선문이라고 한다. 로마에서 가장 큰 개선문으로 기독교를 공인한 콘스탄티누스 황제가 밀비오 다리에서 라이벌 막센티우스를 물리친 것을 기념해 세운 것이라고 한다. 나폴레옹이 로마 원정 당시 매우 탐을 냈으나 운반하기 어려워 파리로 옮기지 못하고 대신 이 문을 본떠서 파리 샹젤리제 거리의 개선문을 만들었다고 한다.

포로 로마노

　다음의 내용은 포로 로마노 유적을 간략히 정리한 것으로서 유적지를 확인해 가면서 이해할 수 있다. 포로 로마노에 막 도착해서는 입구를 찾지 못해 포로 로마노 주변을 한 바퀴 돌다가 겨우 찾아갔다. 통합입장권을 어디에 두었는지 몰라서 와이프에게 핀잔을 들어가며 한참을 찾았다. 마침내 바지주머니에서 입장권을 찾아 포로 로마노에 들어갔다. 많은 지식이 없어 가이드를 할 수가 없었지만, 와이프가 가이드북을 봐가며 아이들에게 설명을 잘 해냈다. 그리고 포로 로마노와 이어져 있는 팔라티노 언덕으로 올랐다. 포로 로마노에서 본 팔라티노 언덕은 높아 보이지 않았으나 직접 올라보니 포로 로마노가 한눈에 들어왔고, 꽤 높은 위치에 있다는 것을 알 수 있었다. 또한 언덕이라고 해석하여 부르기 때문에 작게 여겼는데 막상 올라보니 굉장히 넓었으므로 이곳에 많은 주거지가 형성되었다는 해설에 대하여 의문을 갖지 않게 되었다. 팔라티노 언덕은 로마의 7개 언덕 중 역사가 가장 오래된 곳으로 로마 건국 시조 중 한 사람인 로물루스가 살았던 곳이며 로마가 시작된 곳이라고 할 수 있다. 황제와 귀족의 호화로운 저택 유적들이 숲과 함께 잘 어우러져

- **포로 로마노**: 고대 로마 제국의 정치 종교, 경제의 중심지이자 시민들의 대화 장소이며 번화한 상가 거리였으나 지금은 화려한 과거를 짐작할 수 있는 기둥이나 초석만 남아 있다.

- **티투스 개선문**: 도미티아누스 황제가 세운 것으로 로마의 개선문 중 역사가 가장 오래되었고, 전투상황을 표현한 아치 내부의 부조가 매우 섬세하고 아름답다.

- **베스타 신전**: 불의 여신 베스타를 모시던 신전으로 포로 로마노에서 가장 신성한 곳이다. 원래 20개의 기둥으로 둘러싸여 있었으나 지금은 반도 남아 있지 않다. 베스탈이라고 불리는 6명의 처녀가 베스타의 신성한 불꽃을 하루 종일 지켰는데, 밤에 그 불꽃이 타오르는 모습을 볼 때 매우 아름다웠다고 한다. 6~10세의 귀족 가문의 딸들 가운데 선발된 베스탈은 30년 동안 일했으며 그동안 처녀성을 간직해야 했지만 신성한 베스타 신녀들은 어떤 죄를 지어도 사람의 손으로 죽일 수 없었다. 하지만 불씨를 꺼뜨리거나 처녀성을 상실하면 용서 받지 못하고 생매장을 당했다고 한다.

- **베스탈의 집**: 베스탈이 살던 기숙사로 3층 규모의 건물에 50개의 방이 있다. 여성적인 분위기가 가득하고 아름다운 건물이었을 것으로 추정되나 지금은 중앙 정원과 연못, 그리고 주변의 조각상들만 남아 있다.

- **원로원**: 원로원은 공화제 시대의 최고 정치기관으로 입법 자문 기관구실을 담당하고 집정관을 선출하던 곳이다.

- **셉티미오 세베루스의 개선문**: 포로 로마노에서 가장 먼저 발굴된 것으로 203년 세베루스 황제와 그의 아들인 카라칼라, 제타에게 헌정된 개선문이다.,

- **사트르누스 신전**: 농업의 신, 사투르누스를 모시던 신전이다. 현재 8개의 기둥과 지붕 일부만이 남아 있는데, 지붕 위에 쓰여 있는 'SENATUS POPOLUS QUE ROMANUS'라는 라틴어는 '로마의 원로원과 시민들' 즉, 로마 공화정이라는 뜻으로 로마 자체를 의미한다.

- **시저의 신전**: 원로원에서 브루투스 등에 의해 살해당한 시저의 시신이 화장되었던 곳으로 훗날 아우구스투스 황제로 등극한 시저의 조카 옥타비아누스가 시저를 위해 신전을 세웠다.

- **마메르티노 감옥**: 고대 정치범 수용소였던 곳으로 성 베드로와 성 바울로가 이곳에 갇혀 있었다. 감옥에 갇혀 있던 성 베드로의 얼굴 자국과 그가 마시고 생명을 유지했다고 하는 지하 샘이 아직도 존재한다.

포로 로마노. 뒤편으로 베스탈의 집이 있다.

셉티미오 세베루스의 개선문

황궁의 경기장

팔라티노 언덕에서 본 포로 로마노

있는데 우리와 같은 관광객들에게는 산책하기에 좋다. 유적들 중에서 아우구스투스 황제의 사저 안뜰, 그의 부인 리비아가 살던 리비아의 집, 팔라티노 언덕에서 가장 아름다운 저택 도무스플라비아 등이 예전의 아름다움을 간직하고 있다. 팔라티노 언덕은 로마의 기원이면서 '궁'을 뜻하는 낱말들의 기원이기도 하다. 언덕 위에 세워졌던 여러궁을 팔라티움(Palatium)이라 불렀고 이것이 Palazzo(이탈리아어), Palace(영어), Palais(프랑스어) 등으로 변화했다. 팔라티노 언덕에는 무료화장실이 있고, 정원에는 식수로 음용이 가능한 수도꼭지와 벤치가 있으므로 잠시 쉬어 갈 수 있는 좋은 곳이다.

대전차 경기장

    하루 일정을 일찍 시작했고, 입장 시 대기하는 시간이 거의 없었으므로, 오전에 콜로세움, 포로 로마노, 팔라티노 언덕을 둘러볼 수 있었다. 이후 대전차 경기장, 진실의 입으로 찾아가기 위해서 숙소에서 제공해 준 관광지도와 구글맵에 의지하게 되었다. 팔라티노 언덕에서 동쪽으로 나온 후 콜로세움 반대방향(남쪽)으로 조금만 걸어가면 대전차 경기장을 볼 수 있었다. 지금은 경사진 비탈로 남아 있는 곳이 모두 계단식으로 만들어진 관중석이었고, 주로 전차 경기장으

대전차 경기장과 건너편의 팔라티노 언덕

로 이용되었으며 많은 그리스도교 신자들의 순교 장소였다고 한다. 잡초들과 나무가 많았던 21년 전과 비교하면 깨끗하게 단장되었고, 대경기장을 둘러싼 도로며, 보도는 깔끔하게 정비되어 있다. 대경기장에는 송아지만 한 애완견을 데리고 나온 여러 명의 이탈리안들이 있는데, 이러한 이들의 일상을 보는 것도 좋은 구경거리인 것 같다. 그래서인지 가이드북을 보면 애완견의 배설물을 밟을 수 있으니 조심하라고 쓰어 있는 것 같다.

　대경기장을 중간쯤 걸었을 때, 예린이가 힘들다고 하여 벤치에 앉아 쉬었다. 이곳에서 경기장 건너편 팔라티노 언덕의 건물들과 소나무가 어우러진 전경을 볼 수 있다. 지금 봐도 멋진 저택 혹은 궁전으로 보였는데 로마 시대에는 더욱 훌륭했을 것이다.

진실의 입

　대전차 경기장에서 조금만 걸어가면 진실의 입을 만날 수 있다. 영화 '로마의 휴일'에 등장해 유명해진 장소인데 원래는 맞은편에 위치한 헤라클레스 신전의 하수구 뚜껑이었다. 진실을 심판하는 입을 가진 얼굴 모양의 원형 석판으로 해신 트리톤의 얼굴을 조각한 것이다. 거짓말쟁이가 트리톤의 입에 손을 넣으면 트리톤의 입이 다물어진다는 전설이 있으며 실제로 옆의 문을 통해 들어간 자객이 하수구의 입에 손을 넣은 정적의 손을 잘라내는 일이 자행되었다고 한다. 진실의 입이 그동안 얼마나 유명해졌는지는 21년 전과 크게 비교된다. 그때는 찾는 사람이 많지 않아서 사진을 찍고 상당시간 놀

예린 심판 중

다 갔었는데, 지금은 입구를 철창으로 둘러쳐서 통제하고 있으며, 줄도 길게 늘어져 있어 20분 이상 기다려야 했다. 여기서 한국인 패키지 관광객을 만날 수 있었다. 그들은 1일 투어를 한다고 하는데, 기다리는 시간을 제외하고

나면 하루에 방문할 수 있는 장소가 극히 한정될 수밖에 없을 것 같다. 기다린 시간에 비하면, 아주 짧은 시간동안 인증사진을 찍어야 한다. 사진을 찍고 나면 산타마리아 인 코스메딘 성당으로 들어가도록 되어 있다. 로마 시내에서도 아름다운 성당으로 손꼽히는데, 매우 독특한 로마네스크 양식 종탑과 모자이크로 장식된 바닥이 유명하다. 하지만 우리 아이들은 이곳에서 작은 촛불을 켜고 기도를 하는데 더 관심을 가졌다.

마르첼로 극장

마르첼로 극장

    오후 1시 30분에 판테온을 향해 출발한다. 식사시간이 지났지만 간식을 많이 준비해서 다니기 때문에 아이들은 식사시간도 모르고 도보여행을 하고 있다. 판테온을 향해 가다가 마르첼로 극장을 지나 쳤다. 오래된 유적 같아 나중에 자세히 알아보기로 하고 기념사진만 찍었다. 마르첼로 극장은 로마제국이 점령지마다 세운 로마극장의 대표격이라고 한다. 1층은 도리아, 2층은 이오이나, 3층은 코린트 형식으로 전체적인 볼륨을 하나의 정확한 질서로 완성시켰다고 한다.

베네치아 광장

비토리오 에마누엘 2세 기념관(전쟁기념관)

마르첼로 극장에서 조금만 올라가면 카피톨리노 언덕을 오르는 가파른 길과 베네치아 광장으로 가는 길로 나뉜다. 여기서부터 빠르게 걸어서 비토리오 에마누엘 2세 기념관으로 갔다. 비토리오 에마누엘 2세 기념관은 1861년 이탈리아를 통일해 1870년 이탈리아 왕국을 세운 초대 국왕 비토리오 에마누엘 2세를 기념하기 위해 지은 신고전주의 양식의 흰색 대리석 건물이다. 21년 전과 모습은 똑같은데 그때는 맑은 파란 하늘과 따가운 햇살에 비친 흰 대리석의 눈부심 때문인지 엄청나게 화려해 보였었다. 그러나 지금의 기념관은 외벽 청소가 안 된 탓인지 그때만큼 화려해 보이지 않고 퇴색되어 가는 느낌이었다.

콜론나 광장

콜론나 광장의 원기둥

베네치아 광장 바로 옆에는 커다란 원기둥이 서있는 콜론나 광장이 나온다. 높이 42m의 이 기둥은 176년 로마 황제 마르쿠스 아우렐리우스의 승리를 기념하기 위해 세운 것으로 표면에 당시의 전투 모습을 부조로 새겨 놓았는데, 가까이 갈 수 없었기 때문에 자세히 확인할 수는 없었다. 원주 꼭대기의 동상은 사도 바울의 동상이다.

판테온

이제 판테온으로 가야 할 차례이다. 전날 바티칸 박물관에서 흥미롭게 관람했던 라파엘로의 작품들을 보면서 라파엘로가 엄청난 천재성을 갖고 타고난 사람이란 것을 알게 되었다. 아이들에게 판테온에 라파엘로의 시신이 안치되었고 실제 시신의 모습을 볼 수 있다고 가르쳐주었더니 많은 관심을 보였다. 구글맵이 표시해 주는 대로 로마의 골목길을 활보하면서 다니는 재미도 쏠쏠하다. 걷는 것이 조금 힘들어질 때쯤 되니 판테온에 도착한다. 이곳도 역시 관광객들로 가득하다. 판테온에 들어가서 천정에 뚫린 구멍으로 하늘을 보니 어느새 하늘이 맑게 개었다. 판테온은 가이드가 필요할 정도로 많은 설명이 필요한 건축물이다.

천정 홀

판테온 앞

길거리 예술가의 작품

　판테온 실내를 둘러보고 나오니 판테온 앞 광장에도 관광객들이 정말 많다. 비수기임에도 이 정도 관광수요라면 성수기에는 얼마나 많을지 상상하기 어려울 것 같다. 소매치기들이 수월하게 활동할 수 있는 환경인 듯하다.

　이제 예린이가 기다리고 기다리던 트레비 분수를 갈 차례이다. 한참을 걸어가다가 보면 가죽숍 거리가 나온다. 마음에 드는 가죽숍에 들러 와이프와 예린이가 갖고 싶다는 가방을 한 개씩 샀다. 린도 벨트에 착용하는 지갑을 샀다. 예린이가 멘 가방이 잘 어울리는 것 같다.

그렇게 쇼핑을 하고 나왔을 때, 화장실이 급해졌다. 다행히 얼마 가지 않아 맥도널드를 찾게 되었다. 볼일을 보면시 햄버거를 주문했다. 우리나라에서 그다지 좋아하지 않던 햄버거를 아이들이 이토록 좋아하게 될 줄은 몰랐다. 맥도널드 이외의 음식은 입에 맞지 않으므로 맥도널드만을 찾게 되는 상황이 연출되었다. 맥도널드 안에서 창밖을 보니 사람들이 모여 있는 곳이 있다. 이 광경은 린의 호기심을 자극시키더니 결국 린은 현장에 다녀왔다. 그리고 같이 가서 구경을 하자고 한다. 그 곳은 스프레이 페인트로 그림을 만드는 과정을 보여주는 길거리 예술가를 구경하기 위해 많은 사람들이 주변을 둘러싸고 있었다.

그림 한 점을 그리면서 많은 노력과 화려한 손놀림, 쇼를 보여주었다. 마침내 그림이 완성되었다. 그림 속에는 로마의 상징물인 콜로세움, 바티칸이 그려져 있었다. 이 그림을 10유로에 판매한다고 한다. 구경만 하고 아무도 사지 않기에 와이프의 허락을 받고 그 그림을 샀다. 몇 세대가 흘렀을 때 이 그림이 가치 있는 작품이 되기를 바라며 한국까지 고이 가져가기로 했다.

트레비 분수

TIPS!!

로마의 분수 가운데 가장 유명하다. 흰 대리석의 개선문을 본뜬 벽화를 배경으로 거대한 1쌍의 반인반수이면서 바다의 신 트리톤이 이끄는 전차 위에 해신 넵투누스상이 거대한 조개를 밟고 서 있다. 주위의 거대한 바위 사이에서 끊임없이 물이 흘러나오고 있는 분수이다. 이 연못을 등지고 서서 동전을 던지면 다시 로마를 방문할 수 있다고 하는 속설이 있다.

그림을 조심스럽게 받아 들고서 조금 걸어갔더니 트레비 분수가 나왔다. 관광객이 얼마나 많은지 빈틈이 별로 없다. 겨우 빈자리를 차지하고 나서 사진도 찍고 동전던지기를 했다. 예린이만 동전던지기를 할 것으로 생각했는데, 린과 와이프도 신났다. 몇 개를 던지는지 모르겠다. 무슨 할 말들이 그토록 많은지 오랫동안 트레비 분수에서 시간을 보냈다.

트레비 분수 주변

트레비 분수

스페인 광장

이제 오늘의 마지막 코스인 스페인 광장으로 걸어갔다. 5분 정도 걸어서 도착한 스페인 광장의 그 유명한 계단은 공사 중이라 모두 막아 두었다. 그래서 옆 계단으로 올라가 성모마리아 원기둥 옆에서 로마 시내 전경을 둘러봤다. 이후 스페인 계단에서 쉬지 못하고 난파선 바르카차 분수 주변에 있는 돌의자에 앉아 쉴 수 있었다.

TIPS!!

영화 <로마의 휴일>에서 오드리 헵번이 아이스크림을 먹는 배경으로 나온 스페인 계단 주변이 유명하다. 1722년에 건립된 137개의 우아한 스페인 계단을 올라가면 언덕 위에 삼위일체 성당(Trinita dei Monti)이 있고 그 앞에는 성모마리아를 기념하는 원기둥이 세워져 있다. 광장은 오랜 동안 로마 시민들이 가장 좋아하는 휴식처이고 여행객들에게도 약속 장소로 애용되는 곳이다. 계단 바로 앞에 있는 바르카차의 분수(Fontana della Barcaccia: 낡은 배의 분수)는 테베레강에서 와인을 운반하던 낡은 배(바르카차)를 본 떠 만든 것이라고 한다.

날이 어두워지고 있는 가운데 계획했던 로마의 일정은 모두 끝난 것 같다. 하지만 트레비 분수의 야경이 아름답다고 하기에 트레비 분수를 다시 한 번 더 찾았다. 해가 지고 어두워졌는데도 여전히 사람들은 많고, 조명으로 빛을 발하는 트레비 분수는 낮에 보았던 것과는 다른 매력을 보여주었다. 예린이가 트레비 분수를 매우 좋아하므로 벤치에 앉아 여유로운 시간을 보내다가 레스토랑에 들어갔다. 저녁식사로 피자와 스파게티를 주문하고, 특별한 안주 없이 맥주를 한 잔씩 시켜서 하루 종일 느꼈던 갈증을 풀었다. 밤이 되면서 비도 간간이 내리는 가운데, 레스토랑을 나와 숙소로 가야 했다.

하루 종일 도보여행을 했기 때문에 많이 지쳐 있었으므로 지하철을 이용하기로 했다. 근처에서 가장 가까운 바르베리니역에 찾아 가기는 했는데 로마에서 처음 타는 지하철이라 티켓 구입이나 규정을 알지 못해서 혼자 여행을 하고 있는 한국인 여대생의 도움을 받아 티켓을 구입하고 지하철을 이용하여 테르미니역에 도착할 수 있었다.

숙소에 들어서니 다음날 공항에 갈 기차편을 알아두어야 할 것 같아 테르미니역으로 다시 갔다. 테르미니역에서 시간표를 확인하고 티켓도 미리 구입했다. 티켓비는 28유로(1인 14유로, 어린이 무료)였다. 그리고 근처 숍에 들러 이탈리아 맥주와 군것질 거리를 사면서 케밥도 사보기로 했다. 맛이 궁금해서 케밥 시식에 도전했지만 얼마 못 먹고 버리고 말았다.

여행의 마지막 하루는 도보여행이었다. 도보여행이 힘들기는 했지만 아이들이 중간에 포기하지 않았다. 소나기가 내리기는 했지만 잠깐만 내렸기 때문에 하루 일정을 무사히 진행할 수 있었다.

이제 무사히 귀국 일정만 잘 진행하면 바쁘게 움직이면서 많은 것을 얻고자 했던 여행이 끝난다.

LYNN's diary

콜로세움

콜로세움으로 출발했다. 걸어서 갔다. 가다가 맥도날드에서 아침을 사서 먹으며 갔다. 해쉬브라운이랑 맥머핀과 커피를 사서 먹으며 갔다.

콜로세움 앞으로 도착했다! 어떤 흑인한테 우비를 샀다. 비쌌다. 아빠가 깎아서 사셨다. 두 개 샀는데 하난 불량품이었다. 걍 갔다. 근데 그냥 비가 오다가 폭우가 와서 잘 구경 못 했다.

트레비 분수

나는 오늘 트레비 분수를 제일 기대하고 있었다. 1개를 던지면 로마에 다시 올 수 있고 동전 2개를 던지면 연인을 만날 수 있다고 하고 동전 3개를 던지면 소원을 이루어진다고 한다.

그런데 엄마가 동전 2개를 던지면 소원이 이루어진다고 하고 동전 3개를 던지면 결혼을 하고 나서 이혼을 한다고 했다. 근데 엄마가 잘못 읽었던 것이었다.

PART 14

여행 마무리

13일차 (2016년 2월 15일)

로마 테르미니역에서
레오나르도다빈치 공항으로

2월 3일에 시작한 유럽여행의 모든 일정을 마치고 귀국하는 일만 남겨 놓았다.

인천 공항에 무사히 도착하면 흥겹고 즐거우면서도 박진감 넘치는 모험이 많았던 2주간의 여행이 끝나게 된다. 비록 계획을 잘 세웠다고 하더라도 답사가 없었던 길을 아이들과 함께 여행한다는 것은 큰 모험이었다. 그래서 더욱 충분한 가치가 있었다고 생각한다. 여러 번 여행 경험을 쌓았던 사람이라면 우리보다 능숙하고 편안하게 이런 여행을 진행할 수 있었을 것이다. 그러나 매번 새로운 도시를 단순히 인터넷과 여행가이드북의 정보만을 갖고서 자동차로 여행한다는 것은 분명히 큰 모험일 것이다. 다행히 큰 사고 없이 진행되었으므로 감사하고 행복하다. 시간과 비용적인 면을 고려해 봤을 때 효율적이었으나 리스크를 생각한다면 심사숙고해야 할 문제들도 있다. 하지만 훌륭한 여행이었다고 자평해도 괜찮았던 것만은 틀림없다.

레오나르도다빈치 공항에서 오전 11시 10분 모스크바행 비행기를 타야 하므로 아침 6시에 일어나 캐리어를 모두 정리하고 마지막 아침식사를 위해 남아 있는 라면과 누룽지를 끓였다. 음식 재료가 모두 소진되고 나니, 캐리어의 부피와 무게가 상당히 가벼워진 것 같다.

테르미니역까지 캐리어 5개와 배낭 2개를 성인 2명, 어린이 2명이 운반하는 것은 상당히 힘든 일이다. 이런 점을 감안하여 테르미니역에서 최대한 가까운 위치에 숙소를 정한 것은 정말 잘한 일이라고 생각한다. 역 대합실까지 300m가 채 되지 않는 거리였기 때문이다.

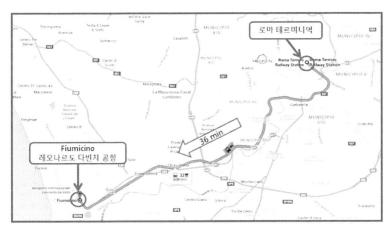

피우미치노 공항으로 가는 전용 기차인 레오나르도 익스프레스는 30분마다 출발한다. 전날 밤에 테르미니역에서 미리 티켓을 사두었으므로 곧바로 개찰구로 가서 표 검사를 받은 후 플랫폼으로 향했다. 짐이 많다 보니 플랫폼까지 가는 거리가 무척 멀게 느껴졌다. 대기하고 있는 레오나르도 익스프레스 객실에 들어가면서 곧바로 마주치는 것은 여행객을 위한 수하물 적재공간이다. 수하물을 적재할 수 있는 공간은 매우 컸으며, 차곡차곡 적재할 수 있도록 선반까지 잘 만들어져 있다. 캐리어 5개를 싣고서 좌석에 앉으려 하니 빈자리가 많지 않기 때문에 가족들이 떨어져 앉게 되었다.

기차는 출발한 지 몇 분 만에 로마 시내를 빠져나와 근교의 평야지대를 달렸다. 2월인데도 바깥 풍경은 초록빛을 하고 있어서 겨울처럼 느껴지지 않는다. 2월의 로마 근교는 비교적 따뜻한 기후인 것 같았고, 산악지역이 많은 듯 보였으나, 우리나라보다 평야지역이 훨씬 넓은 것 같다. 이처럼 좋은 자연 환경은 고대부터 풍요로운 생활을 할 수 있었던 배경이 되어 문명이 크게 발달할 수 있는 원동력이 되었을 것이다. 차창 밖으로 로마 근교의 풍경을 구경하면서 약 40분의 시간을 보냈다.

피우미치노 공항역 플랫폼에 도착하여 짐들을 모두 내린 뒤 우리가 가야 하는 T4 티켓팅 장소를 찾아야 한다. T4 안내표지만을 보면서 가는 길은 에스컬레이터를 타고 지상으로 나가기도 하고 환승트레인을 타기도 하면서 상당히 먼 거리를 걸어야 했다. 아마도 여행 중에 짐을 끌고서 가장 먼 거리를 이동한 장소가 이곳 공항이었을 것 같다. 마침내 도착한 티켓팅 부스에서 수하물을 무사히 발송하고 항공 티켓도 받았다. 그런데 출국심사에서 1시간 이상을 소모하는 상황이 일어났다. 대기하는 줄이 길지는 않았는데, 보안 검사가 너무 철저하여 1명의 보안 검사시간이 굉장히 오래 걸렸다. 지금까지 여행하면서 보안 검사가 가장 철저한 곳이 로마 공항이었다. 신발, 벨트 등의 모든 소지품을 분리하여 확인한 뒤 리트머스 종이 같은 것으로 휴대용 짐에 대한 성분검사까지 하는 경우는 처음 봤다. 검사를 이토록 철저히 하는 상황에 처해 보니 이곳이 테러 위험지역이라는 것을 다시 한 번 인지하게 되었다. 이렇게 출국심사가 오래 걸린 탓에 면세점 쇼핑은 포기해야만 했다. 하지만 이탈리아 와인만큼은 포기할 수 없었기 때문에 어떤 브랜드인지 제대로 확인도 하지 않고 급하게 서둘러 3병을 샀다.

모스크바 공항

    모스크바의 하늘에서는 눈이 내리고 있었다. 탑승했던 비행기가 작은 항공기였던 탓인지 일반 탑승구에서 내리지 않고, 사다리차를 이용하여 내려와서 대기하고 있는 셔틀버스를 탔다. 셔틀버스가 내려준 곳에서 승객들이 가는 장소로 따라가다 보면 환승절차를 거치게 되는데 보안 검사도 함께 이루어진다.

    모스크바 공항에서 환승을 위한 대기 시간이 무려 4시간이나 된다. 그동안 무료하게 지낼 수 없어 편하게 쉴 수 있는 곳을 찾았다. 공항내부를 한 바퀴 돌아보았더니, 우리나라의 호프집과 비슷한 바가 있었다. 이곳에서 메고 있던 짐을 풀고 린과 예린이 좋아할 만

타고 온 비행기

모스크바 공항의 호프집

한 음식을 주문했다. 우리 부부는 러시아 맥주를 즐기는 뒤풀이 시간을 가졌다. 대기 시간이 짧게 느껴졌을 정도로 많은 대화가 쏟아져 나왔다. 대화의 주제는 여행기간 동안 가장 좋았던 장소 혹은 사건(Best 5가지, Worst 1가지)을 각자 정하고 인터뷰하는 시간을 가졌다. 베스트 5가지 중 1위는 눈썰매 타기, 2위 에펠탑, 3위 트레비 분수, 4위 밀라노 두오모 테라스, 5위 피사의 사탑 전망대였다.

반대로 가장 좋지 않았던 관광은 바토무슈 유람이었다. 이 주제로 여행 뒷이야기를 나누다 보니 시간 가는 줄 모르게 되었다. 20분 정도의 시간이 남았을 때 문득 쇼핑이 필요하다는 생각이 들었다. 모스크바 공항에 방문한 기념으로 보드카를 사야 할 것 같아 양주 2병과 보드카 3병을 면세 가격으로 구입했다.

인천으로 출발하는 러시아 비행기에 탑승한 이후 곧 잠이 들었다. 2회씩이나 제공되는 기내식을 거르면서 8시간 동안 잠만 잤다.

여행 중 제일 깊고 오랫동안 잠든 시간이었다.

LYNN's diary

여행의 끝

오늘 비행기를 타야 해서 새벽 5시에 일어나서 테르미니역으로 달려갔다. 그리고 테르미니역에서 기차를 타고 레오나르도다빈치 공항으로 갔다.

모스크바 공항

모스크바 공항에서 3시간을 기다려야 했다. 그래서 검사를 받고 식당을 찾았다. 식당에서 가족들끼리 신나게 떠들면서 닭다리 2개를 먹었다. 맛있어서 결국 닭다리 6개와 치즈케이크 1조각이랑 딸기 케이크 1조각이랑 닭가슴살 1개랑 감자를 먹었다.

그리고 아빠 쇼핑하고 엄마랑 김예린은 화장실에 가는 바람에 혼자 짐을 지켜야 했다. 힘들었다. 근데 갑자기 아빠가 오시더니 비행기 출발 3분 전이라고 하셨다. 때마침 엄마가 오셔서 우리 가족은 캐리어를 끌고 달려갔다.

결국 비행기에 탔다. 그래서 우리 가족은 자리에 앉아서 영화를 보다 잤다.

한눈에 보는 여행 경비 지출 내역

일차	항목	비용	일 지출
1일차	인천공항버스	40,000원	4,041,834원
	여행자보험	200,000원	
	항공료	3,572,400원	
	택시(공항에서 숙소)	60유로	
2일차	숙박(2일분)	150,000원	330,351원
	버스(171번)	14.1유로	
	뮤지엄패스 2매	96유로	
	에펠탑 2층 계단(성인 7유로, 어린이3유로)	20유로	
	에펠탑 2층~3층 엘리베이터 (성인 6유로, 어린이 4유로)	20유로	
	점심	20유로	
	바토무슈 (성인 13.5유로/ 어린이[5~12세] 6유로)	39유로	
3일차	까르네 성인 20장(장당 14.1유로), 어린이용 10장(장당 7.05유로)	35.25유로	510,292원
	점심(맥도널드)	약 20,000원	
	쇼핑(립밤)	약 100,000원	
	베이커리	약 10,000원	
	택시	7유로	
	야간열차	240유로	

일차	항목	비용	일 지출
4일차	물품보관소	35유로	975,713원
	지하철	약 10,000원	
	두오모 입장료 (성인 8유로, 어린이 4유로)	24유로	
	아침(맥도널드)	약 15,000원	
	점심(패스트푸드)	약 20,000원	
	렌터카	약 500,000원	
	코모주차	약 5,000원	
	쇼핑(대형마트)	약 100,000원	
5일차	숙박(슈첸바흐)	214스위스프랑	322,396원
	융프라우 열차 (성인 135스위스 프랑, 어린이 무료)	270스위스프랑	
	잡비(슈퍼)	약 10,000원	
6일차	융프라우열차 스포츠패스 (성인 64스위스 프랑, 어린이 무료)	128스위스프랑	422,966원
	중식(피자) 그룬드역	15스위스프랑	
	잡비(슈퍼)	약 30,000원	
	주유소	30스위스프랑	
	주차비	5스위스프랑	
	통행료(고속도로), 커피 등	15유로	
7일차	숙박(펜션 쇤네하임)	85유로	913,495원
	쇼핑	150유로	
	Outlet Center Brenner	450유로	

일차	항목	비용	일 지출
8일차	숙박(코르테)	90유로	417,030원
	바포레토 20유로(4매 80유로)	80유로	
	중식(핫도그, 피자, 콜라)	10유로	
	석식	45유로	
	곤돌라	100유로	
	숙박(호텔 몬테네피아)	80유로	
9일차	주유소	30유로	220,827원
	피렌체 두오모	32유로	
	석식	15유로	
	버스	4.8유로	
10일차	숙박(빌라 인 루카)	85유로	333,624원
	피사 두오모	72유로	
	젤라또	10유로	
	중식	20유로	
	주유소	30유로	
11일차	숙소(치비타)	120유로	264,781원
	간식	10유로	
	바티칸 박물관 (성인 16유로, 어린이 무료)	32유로	
	오디오 가이드 개당 7유로	28유로	
	석식	15유로	

일차	항목	비용	일 지출
12일차	트레비 분수	15유로	291,259원
	그림(길거리 예술가의 작품)	10유로	
	석식	25유로	
	지하철	5유로	
	포로로마노 통합권 (성인 12유로, 어린이 무료)	24유로	
	우비	6유로	
	쇼핑(가방)	100유로	
	케밥 등 간식	20유로	
13일차	공항철도(레오나르도 익스프레스)	28유로	288,894원
	면세점(보드카, 와인)	120유로	
	모스크바 호프집	40유로	
	인천공항버스	40,000원	
총 지출			9,333,463원

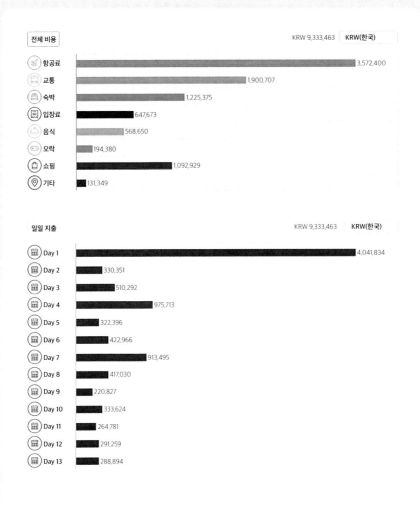

내비게이션 즐겨찾기 목록(좌표)

※ 정확한 목적지를 찾기 위해서는 목적지(상호) 검색보다 좌표 검색을 추천합니다
(★매우 중요).

	목적지	지명 또는 상호	좌표	비고
4일차	렌터카 회사	Sicily by Car S.P.A. AutoEuropa	45.481764, 9.199580	
	코모 주차장	Parcheggio Centro Lago	45.811597, 9.075869	무료
	라우터브루넨 숙소	슈첸바흐 백팩커스 앤 캠핑/호스텔 Schützenbach	46.590626, 7.912098	무료
5일차	라우터브루넨역	Bahnhof Lauterbrunnen	46.598611, 7.907726	
	수퍼마켓 (루체른 이동중 방문)	Parkplatz Migros	46.665869, 7.869017	
	빈사의 사자상 (갓길 주차)	Löwendenkmal	47.058647, 8.310141	무료
	루체른 시내 (카펠교 근처)	Mövenpick Restaurant Luzern (건물 주차장 입구)	47.049497, 8.305813	유료
	인스부르크 숙소	Pension Sonnenheim	47.183524, 11.399992	
6일차	인스부르크 숙소 근처 슈퍼마켓	Hofer Schönberg im Stubaital	47.182882, 11.398098	
	시골마을 성당	Pfarrkirche Mariä Himmelfahrt	47.136827, 11.453454	
	브레너 아웃렛	Outlet Center Brenner	47.005451, 11.505812	
	오르티세이 곤돌라	Funivie Ortisei - Alpe di Siusi	46.573117, 11.671329	
	코르티나 담베초 버스터미널	Public Toilet - Bus Terminal Cortina d'Ampezzo	46.538763, 12.138256	
	돌로미테 숙소	Residence Corte Delle Dolomiti	46.428202, 12.237032	
7일차	베네치아 숙소	Hotel Montepiana	45.485031, 12.230875	
8일차	베네치아	버스터미널	45.437712, 12.317932	
	베로나	갓길 주차장	45.443950, 10.991391	유료 무료
	산 피에트로성 (갓길 주차장)	Castel San Pietro	45.448110, 11.003518	무료
	미켈란젤로 광장 주차장	Piazzale Michelangelo	43.762714, 11.264833	유료 무료
	루카 숙소	Lucca in Villa	43.840235, 10.492324	

9일차	피사 공공 주차장	Parcheggio Pubblico a pagamento	43.723769, 10.391459	유료
	산 지미냐뇨 공영 주차장	Parking Publico	43.470580, 11.043669	유료 무료
	시에나 공영 주차장	Free Car Parking	43.322855, 11.322348	유료 무료
	치비타 디 바뇨레죠 (입구 주차장)	Biglietteria di Civita di Bagnoregio	42.626218, 12.109546	유료 무료
10일차	로마 숙소	Federico Suite	41.898446, 12.503252	
	렌터카 회사	Sicily by Car	41.898952, 12.503116